기독교인이 읽는 금강경

기독교인이 읽는 금강경

2001년 7월 1일 초판 1쇄 발행. 2006년 10월 20일 개정판 1쇄 발행. 2022년 5월 10일 개정판 4쇄 발행. 이현주가 쓰고, 도서출판 샨티에서 박정은과 이홍용이 기획 편집하여 펴냈습니다. 표지 그림은 이철수가 그렸으며, 표지 디자인은 김경아가 하고, 이강혜가 마케팅을 합니다. 제작 진행은 굿에그커뮤니케이션에서 맡아 하였습니다. 출판사 등록일 및 등록번호는 2003. 2. 11. 제 2017-000092호이고, 주소는 서울시 은평구 은평로 3길 34-2, 전화는 (02) 3143-6360, 팩스는 (02) 6455-6367, 이메일은 shantibooks@naver.com입니다. ISBN은 978-89-91075-31-3 03200이고, 정가는 15,000원입니다.

* 이 책은 《이아무개 목사의 금강경 읽기》를 제목을 달리하여 펴낸 것입니다.

기독교인이 읽는 금강경

이현주 지음

【산티】

추천의 글

　제가 평소에 존경하던 이현주 목사님께서 《기독교인이 읽는 금강경》을 출판하신다기에 기쁜 마음으로 이 글을 씁니다.
　사람이 먹어야 음식이고 병이 나아야 약이듯이 듣고 배워 깨쳐야 불법입니다. 저 하늘의 태양이 누구의 것이 아니듯이 불법 또한 누구의 것도 아닙니다. 누구나 배워 깨치면 그의 것이 됩니다. 목사님이라고 예외일 수 없습니다.
　성경 공부를 마쳤다는 이가 불경을 보고 그 뜻을 모른다면 어찌 성경을 제대로 안다 하겠으며, 불경 공부를 해서 깨쳤다는 이가 성경을 보고 그 뜻을 모른다면 어찌 그가 진리를 깨쳤다고 할 수 있겠습니까?
　《금강경金剛經》이 일체 중생을 깨닫게 하여 저 언덕에 이르게 하는 가르침이라면, 어찌 승려는 깨치고 목사는 못 깨치겠습니까?
　옛적에는 스님들도 유학儒學에 밝은 이가 많았고, 유학자 중에도 불경에 밝은 이가 많아 서로 만나 의견을 나누며 서로 배우고 교류하며 사이좋게 지냈습니다. 그러나 요즈음은 진리를 추구한다는 사람들이 오히려 세인들보다도 못해 종교가 다르다고 서로 다투고 미워하니 부끄럽기 그지없습니다.

마침 이현주 목사님께서 평소 유儒·불佛·선仙에 두루 밝아 《금강경》강의를 하시더니, 드디어 이렇게《기독교인이 읽는 금강경》을 출간하니 옛 선인들이 갔던 그 길이 다시 열리는 듯하여 기쁘기 한량없습니다.

불교를 전공한 이들이 쓴 글은 공연히 설명이 길어 번다하고 용어가 어려워 그 뜻이 분명치 않을 때가 많은데 이현주 목사님의 이 책은 설명이 간략하고 용어가 쉬우며 그 뜻이 명료하여 공부하는 이에게 큰 도움이 될 것 같습니다.

그러나 불교인들이 읽는다면 간혹 용어의 해설이나 역사적 사실 등에 흠을 잡을 수도 있겠으나《금강경》이 일체 상相을 여의는 가르침임을 감안한다면 그것 또한 언어와 문자에 집착하는 것이라, 읽는 이의 허물이 될지언정 글쓴이의 허물은 되지 않으리라 봅니다.

찬撰한다.

한 슬기로운 농사꾼이 있어
비 오니 밭에 고추 모종 옮겨 심고,

날 맑으니 논에 김을 매누나.
비야 오려거든 오고, 해야 나려거든 나거라.

정토회 지광智光 법륜法輪

이 책을 읽으시는 분들께

저는 예수님과 그분의 가르침을 믿는 기독교 신자입니다. 아울러 모든 사람 속에 여래님이 계시다는 불교의 가르침도 믿습니다.

제 속에는 예수님과 여래님이 나란히 계시거니와, 이 두 분 사이가 저와 저의 사이보다 더 가까우신 것은 분명합니다. 저와 제가 하나이듯이 두 분도 그렇게 한 분이신데 저는 저하고 자주 갈등을 빚지만 두 분 사이에는 도무지 그런 일이 없으시니까요. 아니, 없으신 것 같으니까요.(제가 어찌 감히 두 분에 대해 단정지어 말할 수 있겠습니까?)

이 작은 책은, 저의 이와 같은 믿음이 빚은 한 덩어리 떡쯤 되겠습니다. 여러분 입맛에는 어떠실는지 모르겠네요. 아무쪼록 맛있게 드셔 주신다면 더 고마울 데가 없겠습니다.

2001년 5월 10일
이현주

글을 시작하면서

《금강경》에 대한 훌륭한 주석만도 시중에 여러 권 나와 있는 실정인데 새삼스레 또 무슨 《금강경》 읽기란 말인가? 게다가 불자佛者도 아닌 기독교 목사 주제에.

그렇거나 말거나 이 글을 쓰는 것은 무엇보다도 나 자신을 위해서다. 이렇게 하는 것이 《금강경》을 먹는 괜찮은 방법 가운데 하나가 되리라는 생각에서 한번 해보는 것이다.

그러니 글이란 독자를 염두에 두고 쓰는 것이라 하기는 하지만, 혹시 이 글이 나 혼자 읽고 쓰고 다시 읽는 글이 된다 해도 상관없다. 온갖 번뇌 깨부수고 저편 언덕에 이르는 지혜를 얻고 싶은 마음이 기독교 목사라 해서 없겠는가? 그러면 됐다.

대본臺本은 명明나라 주태朱棣의 《金剛般若波羅密多經集註》(上海古籍出版社, 1984)를 썼다.

책 이름에 관하여

'금강金剛'은 다이아몬드다. 쇠붙이 가운데 가장 단단한 놈이다. '반야般若'는 산스크리트어 프라즈나prajna를 한자로 적은 것인데 뜻은 '지혜智慧'다.

'바라밀波羅密' 역시 산스크리트어 파라미타paramita의 한자 음으로 '저편 언덕에 이른다(到彼岸)'는 뜻이다. '경經'은 대개 경徑으로 새긴다. 길이란 말이다.

이 단어들을 붙여서 읽으면 '저편 언덕에 이르게 하는 금강석 같은 지혜를 담은 책' 쯤 되겠다.

참고로, 이문회李文會라는 이가 책 이름을 풀었는데 다음과 같다.

"금강은 굳고 날카로운 물건이라 능히 만물을 깨뜨릴 수 있다. 반야는 산스크리트어인데 중국말로 지혜다. 지혜가 있으면 일체 번뇌를 깨뜨려 가지고 그것을 아주 잘 써먹을 수 있다. 바라밀은 역시 산스크리트어인데 중국말로 도피안到彼岸(저편 언덕에 이름)이다. 아무 상相에도 집착하지 않는 것을 일컬어 피안彼岸(저편 언덕)이라 하고 이런저런 상相에 집착해 있는 것을 차

안此岸(이편 언덕)이라 한다. 또는 말하기를, 마음이 미혹되어 있으면 이편 언덕이요 마음이 깨어 있으면 저편 언덕이라 했다. 경經은 경徑이니, 견성見性의 도로道路다."

 그럼 이제부터 본문을 읽는다.

1

이와 같이 나는 들었다.
(如是我聞이로다.)

🛆

'여시아문如是我聞', 이 넉 자를 어떻게 읽을 것인지 설說도 많고 말도 많은가 보더라만 문외한은 육조六祖 스님의 말씀을 좇아 "이와 같이 나는 들었다"로 읽는다.

그러니까 무슨 말이냐 하면, 이제부터 하는 말이 모두 앞사람 한테서 들은 것이지 자기 머리로 짓거나 꾸며 낸 게 아니라는 얘기다. 부처님의 가르침이나 예수님의 가르침이나 공자님의 가르침이나 모두가 전에 없던 무슨 신통한 묘수가 아니라 아득한 옛날부터 그렇게 나 있는 길을 일러 주신 것에 지나지 않는다. 석가모니 부처님은 법法(Dharma)을 만드신 분이 아니라 깨달으신 분이다. 법은 부처님께서 깨닫기 전에도 그렇게 있었다. 종교는 발명이 아니라 발견이다. 눈을 만드는 게 아니라 뜨는 것이다. 부처님이 이미 그러셨거늘 감히 누가 여시아설如是我說

이라, "이렇게 나는 말한다"고 나서겠는가? 오직 여시아문如是我聞일 따름이다.

한때 부처님께서 사위국 기수급고독원에 계셨는데 큰 스님 일천 이백 오십 인으로 더불어 함께하셨더니,

(一時에 佛이 在舍衛國祇樹給孤獨園하셨는데 與大比丘 衆千二百五十人으로 俱시더니)

🛕

불佛은 부처님. 산스크리트어 붓다Buddha를 한문으로 불타佛 陀라고 음역했는데 줄여서 불佛이라고도 한다. 뜻은 깨달음(覺) 또는 깨달은 사람(覺者). 여기서는 석가모니 부처님이다.(불교에 서는 석가모니 부처님 이전에 여러 부처님이 세상에 오셨다고 말한다.)

"부처는 안으로 깨달아 허망한 생각이 일지 않고 밖으로 깨 달아 여섯 티끌(六塵, 色·聲·香·味·觸·法―마음을 어지럽히는 여섯 識의 대상물)에 물들지 않는다. 또 말하기를, 부처란 가르침 의 주인이시며, 상相 아니면서 상相인 분을 응신불應身佛이라 하고, 상이면서 상 아닌 분을 보신불報身佛이라 하고, 상 아니 면서 상 아님도 아닌 분을 법신불法身佛이라 한다."(李文會)

사위국舍衛國은 파사波斯 익匿왕이 다스리던 나라이고, 기수 祇樹는 익匿왕의 태자太子인 기타祇陀가 심은 나무라는 뜻인데, 제법 숲이 우거진 곳이었나 보다. 급고독원給孤獨園은 급고독의

정원이란 뜻이고, 숲의 주인인 수달장자須達長者가 혼자 사는 어려운 사람들을 먹였으므로 급고독給孤獨이라는 별명을 얻었다. 수달장자가 많은 황금을 주고 태자로부터 정원을 사서 거기에 부처님을 모시려고 정사精舍를 지었다고 한다.

부처님의 가르침은 이렇게 시時 공空 속에서 이루어진 것이다. 그러나 그 가르침 자체는 시·공을 초월한다.

비구比丘는 산스크리트어 비쿠bhikkhu를 한자로 옮긴 것인데, 불교에 귀의하여 구족계具足戒를 받은 남승이다. 여승은 비구니 bhikkuni, 뜻은 빌어먹는 사람(乞士)이다.

"위로는 부처님들한테 법法을 빌어 자기의 진성眞性을 밝히고, 아래로는 세상 사람들한테 음식을 빌어 그들을 위해 복의 씨를 뿌려 주니, 이런 사람을 걸사乞士라고 하겠다."(王日休)

큰 스님(大比丘)이 있으면 작은 스님(小比丘)도 있다는 말일 터인데, 이에 대하여 "악을 버리고 선을 취하는 사람을 작은 스님이라 하고, 악과 선을 함께 버린 스님을 큰 스님이라 한다"(李文會)고 했다.

석가모니 부처님과 한자리에 있으려면 작은 스님은 안 되고 큰 스님이라야 된다? 그건 아니겠지. 큰 스님이 있는데 작은 스님이 어찌 없었으랴? 큰 스님 작은 스님이 있기야 하겠지만 그 둘을 분간하여 말하는 것은 작은 스님의 몫이렷다.

왜 하필 대비구大比丘 일천 이백 오십인가? 모르겠다. 모이다 보니까 그만한 수가 되었겠지. 많게 보면 많은 수요, 적게 보면 적은 수다.

  꿀 있으면 광고하지 않아도 벌 나비가 모여든다. 부처님 계신 곳에 어찌 비구들이 모이지 않겠는가? 그러나 한편 벌 나비 없이 꿀인들 있으랴? 부처님 때문에 중생 있고 중생 때문에 부처님 있는 것. 그래서 '함께 구俱'다. 하느님으로 말미암아 내가 있고, 나로 말미암아 하느님이 있는 것이다.

이때에 세존이 식사하실 때가 되어 옷을 입으시고 바리때를 드시고 사위대성에 들어가시어 빌어 잡숫는데 성 안에서 차례로 구걸을 마치시고 본디 계시는 곳으로 돌아오시어 음식을 드시고 옷과 바리때를 거두시고 발을 닦으시고 자리를 펴시고 앉으셨다.

(爾時에 世尊이 食時가 되어 着衣持鉢하시고 入舍衛大城하시어 乞食하시는데 於其城中에서 次第로 乞已하시고 還至本處하시어 飯食訖하시고 收衣鉢하시고 洗足已하시고 敷座하시고 而坐하시니라.)

🛕

부처님은 삼계三界(欲界·色界·無色界, 곧 중생이 사는 세계)의 지존至尊이시다. 그래서 세존世尊이라 부른다.

성인聖人은 행불언지교行不言之敎라, 말없는 가르침을 베푼다고 했다. 때가 되어 옷을 갖추어 입고 그릇을 챙겨 들고 음식을 구걸하되 차례로(있어 보이는 집만 골라서 가지 않고) 빌어다가 본디 자리로 돌아와서 다 먹고는 설거지를 하고 옷을 벗어 놓고 발을 씻고 자리를 깔고 앉는다. 이렇게 한 바퀴 돌아 본연本然의 자리로 돌아왔다.

부처님 계신 곳을 찾아보려면 하루하루 앉고 서고 눕고 걷고 움직이고 가만 있음을 살피라 했거니와, 때가 되어 고요함을 깨고 일어나 잠시 움직임으로 들어갔다가 다시 때가 되어 움직임을 그치고 고요함으로 돌아간다. 여기에 인생의 모든 것이 들어 있거늘 이보다 자세하고 친절한 가르침이 어디 있으랴?

밥 먹을 때가 되어 자리에서 일어나심은 무슨 일이든지 때를 당기지도 말고 미루지도 말라는 가르침이요, 옷을 입으심은 유화인욕柔和忍辱의 옷을 걸친 것이요(李文會), 바리때를 챙기심은 살아가는 데 필요한 최소한의 용품을 잘 쓰라는 가르침이요, 금륜왕자金輪王子의 신분으로 손수 음식을 구걸하심은 중생을 교화敎化하여 교만을 버리게 하려는 것이요(僧 若訥), 한 끼니 먹을 만큼만 얻으심은 훗날 비구들로 하여금 재보財寶를 쌓아두지 못하게 하려 함이요(李文會), 차례로 집을 돌면서 구걸하심은 큰 자비는 평등이라 부잣집 가난한 집을 선택 아니하심이요(僧 若訥), 본디 자리로 돌아오심은 무슨 일이든지 제자리를 찾아서 하라는 가르침이요, 옷과 바리때를 거두심은 다 쓴 물건이라 하여 함부로 버리지 말고 잘 모시라는 가르침이요, 발을 닦으심은 신업身業(몸으로 지은 업)을 모두 닦아 냄이요(李文會), 자리를 펴고 앉으심은 모든 것이 공空임을 그렇게 보이신 것이다.

이토록 친절히 가르쳐 보이셨는데도 알아듣지 못한 어리석은 중생을 대신하여 장로 수보리須菩提가 부처님께 여쭙는다.

2

 그때에 존경받는 늙은이 수보리가 사람들 가운데 앉아 있다가 자리에서 일어나 옷을 벗어 오른쪽 어깨에 메고 오른쪽 무릎을 꿇고 손을 모아 공손히 절하며 부처님께 여쭙기를, 참으로 드문 분이십니다, 세존이시여. 여래께서는 모든 보살을 잘 보살피시며 모든 보살을 잘 붙들어 주십니다. 세존이시여, 선남자 선여인이 아누다라삼먁삼보리심을 낼진대 어디에 마땅히 머물러야 하며 어떻게 그 마음을 무릎 꿇릴 수 있겠습니까?

 (時에 長老須菩提가 在大衆中이다가 卽從座起하여 偏袒右肩하고 右膝著地하고 合掌恭敬而白佛言하기를, 希有로소이다 世尊이시여. 如來께서는 善護念諸菩薩하시며 善付囑諸菩薩하십니다. 世尊이시여, 善男子善女人이 發阿耨多羅三藐三菩提心일진대 云何應住요 云何降伏其心이니까.)

🔔

 나이만 많아서는 존경받는 늙은이(長老)가 될 수 없다. 그 덕

德이 또한 높아야 한다.

세존과 함께 있던 큰 스님들 가운데 수보리須菩提라는 늙은이가 있었다. '수보리'는 산스크리트어인데 한자로는 해공解空이라 옮긴다.(六祖) 공空을 이해한다는 뜻일 터인데 불가佛家에서 공空을 알았으면 다 안 것이나 마찬가지다. 수보리가 공을 깨달았으므로 그렇게 불리었다기보다는 그렇게 되기를 바란다는 뜻으로 해공解空이라는 이름을 얻었다고 보는 게 그럴듯하다. 대개 이름이란 그런 것이다.

저가 비록 사람들한테는 존경받는 늙은이지만 부처님 앞에서는 아무것도 모르는 아이와 같은지라, 제자가 스승에게 가르침을 받고자 할 때 갖추는 예禮를 두루 갖추니, 무엇을 배우고자 하는 자 마땅히 먼저 간절한 마음을 자세로써 보일 일이다. 수보리가 옷을 벗어 오른쪽 어깨에 얹고 오른쪽 무릎을 꿇고 두 손 모아 절하며 부처님을 우러러 아뢴다. "참으로 드문 분이십니다, 세존이시여. 여래께서는 모든 보살을 잘 보살피시며 모든 보살을 잘 붙들어 주십니다."

수보리는 세존에게서 보통 사람들한테는 볼 수 없는 모습을 보았다. 그래서 그분을, 참으로 드문 분이라 부른다. 당신 같으신 분은 다시 없다는(보지 못했다는) 뜻이겠다.

여래如來라는 이름 풀이에 대해서도 말이 많은 모양인데 왕

일휴王日休의 설명이 근사하다. "진여眞如는 본디 오가는 바가 없는데 오는 분(來者)이라고 일컫는 것은 대개 그렇게 나타나 보이는 것을 두고 온다(來)고 한 것이다. 사람이 만약 지극한 정성으로 빌면 곧 감응感應이 있고 모든 중생이 교화(化)되기를 바라면 곧 색신色身이 나타나니 이것이 모두 오는 분이다. 그래서 부처님을 여래如來라고 부르는 것이다. 여여如如라고 하면 이는 곧 진성眞性의 본체요, 오는 분이라고 하면 이는 곧 진성의 응용이다. 그런즉 여래 두 자는 부처님의 체體와 용用을 함께 부르는 이름이다."

곁들여 이런 설명도 있다. "여如는 나지 아니함(不生)이요, 래來는 죽지 아니함(不滅)이다. 오지 않고 가지 않고 앉지 않고 눕지 않고 마음은 언제나 텅 비어 고요하고 깊은 물처럼 맑고 깨끗하니 그래서 여래如來다."(李文會)

보살菩薩은 산스크리트어 '보디사트바'를 한자 보리살타菩提薩埵로 옮기고 그것을 다시 줄인 것이다. '보디'는 각覺이요 '사트바'는 유정有情이다. 유정은 중생을 일컫는 말. 모든 중생은 불성을 지니고 있지만 지금 살아 있기에 정情이 있다. 살아서 정을 지니고 있으면서 깨달은 사람이 보살이다. 깨달았지만 아직 정을 여의지 못했다. '깨달은 중생'이 보살이다.

"대충 말하면, 정이 있으니 망상이 생긴다. 보살은 정情과 상

想을 끊지 못한 사람이다. 오직 닦고 닦아서 부처님 땅(佛地)에 이르러야 정상情想이 끊어진다. 그러므로 부처님에게는 각覺만 있고 유정有情은 없다."(王日休)

호념護念은 보살핀다는 말로 읽는다. 모든 사람을 잘 가르쳐 망념妄念이 일어나지 않게 한다는 뜻이다.(李文會) 어떤 사람이 마음 공부를 착실히 하여 헛된 생각이 일어나지 않게 되었다면, 그는 마땅히 알아야 할 것이다. 자기가 그렇게 한 것이 아니라 그의 진아眞我이신 여래께서 그렇게 하셨다는 사실을.

부촉付囑은 붙들어 준다는 말로 읽는다. "생각마다 정진精進하여 더럽혀지거나 붙잡혀 있지 않게 한다. 앞 생각에 조금 붙잡혀 있다가도 뒷 생각으로 그것을 깨달아 하여금 이어지지 않게 한다."(李文會)

도道는 불가수유리不可須臾離라, 한순간이라도 떨어진다면 그것은 도가 아니라 했다. 부처님의 보살피심이 한순간이라도 끊어진다면 그것을 어찌 부처님의 보살피심이라 하겠는가? "이스라엘을 지키시는 이, 졸지 않고 잠들지도 아니하신다." (《시편》 121 : 4)

이렇게 부처님을 찬탄하고 나서 수보리 여쭙는다. "세존이시여, 선남자 선여인이 아누다라삼먁삼보리심을 낼진대 어디에 마땅히 머물러야 하며 어떻게 그 마음을 무릎 꿇릴 수 있겠습니까?"

선남자 선여인은 단단하게 마음먹고 뒤로 물러서지 않는 사람이다. "선남자는 바른 정심定心이요, 선여인은 바른 혜심慧心이다."(李文會)

아누다라삼먁삼보리는 산스크리트어인데 '아'는 한자로 무無, '누다라'는 상上, '삼'은 정正, '먁'은 등等, '보리'는 각覺. 합해서 읽으면 무상정등정각無上正等正覺이 된다. 그러니까 지금 수보리는 최상의 바르고 평등한 깨달음을 얻으려는 마음을 낸 사람이 그 마음을 어디에 두며 어떻게 다스릴 수 있는지를 여쭙고 있는 것이다.

마음! 분명 나한테서 나오는 것인데 내 맘대로 안 된다! 이 마음을 어떻게 할 것인가? 어디에 머물도록 할 것이며 어떻게 하면 마음의 부림을 당하지 않고 마음을 부리며 살 것인가? 이 마음을 어떻게 써야 마침내 부처의 땅에 들어갈 것인가?

《금강경》은 결국 이 질문에 대한 석가 세존의 대답이 되겠다.

부처님이 말씀하시기를, 잘 물었다 수보리여. 그대가 말한 대로 여래는 모든 보살을 잘 보살피고 모든 보살을 잘 붙들어 주니, 그대는 자세히 들어라. 그대를 위하여 말하겠다. 선남자 선여인이 아누다라삼먁삼보리심을 내었거든 마땅히 이와 같이 머물고 이와 같이 그 마음을 무릎 꿇려야 한다. 그러합니다, 세존이시여. 바라건대 기쁘게 듣고자 합니다.

(佛이 言하기를 善哉로다 善哉로다, 須菩提여. 如汝所說대로 如來가 善護念諸菩薩하고 善付囑諸菩薩하나니 汝今諦聽하라. 當爲汝說하리라. 善男子善女人이 發阿耨多羅三藐三菩提心하였거든 應如是住하고 如是降伏其心하렷다. 唯然이외다, 世尊이시여. 願樂欲聞이로소이다.)

🛕

제자가 물었다. 스승이 대답을 약속한다. 이제 남은 것은 온몸이 귀가 되어 한 마디 놓치지 않고 듣는 일이다.
오, 행복한 순간이여!
"세상 사람들은 진기한 보물을 중하게 여기지만 나는 찰나의 고요함을 귀하게 여긴다. 금金이 많으면 사람 마음이 어지러워

지고 고요하면 진여眞如의 성성性을 본다."(龐居士)

"보통 사람 마음은 끊임없이 움직이고 어둡다. 성인聖人의 마음은 고요하고 밝다. 또 이르기를, 보통 사람의 마음 경계(心境)가 맑고 깨끗하면 이는 불국정토佛國淨土요, 흐리고 어지러우면 이는 마국예토魔國穢土라 했다."(逍遙翁)

마음으로 마음을 본다. 마음으로 마음을 무릎 꿇게 한다. 마음밖에는 아무것도 없다. 반자反者 도지동道之動이라, 돌아가는 것이 도道의 움직임이라 했거늘, 어떻게 하면 어지러이 돌아다니는 내 흐린 마음을 붙잡아 고요하고 밝은 본디 마음으로 돌아가게 할 것인가?

3

부처님께서 수보리에게 이르시기를, 모든 보살과 마하살은 마땅히 이와 같이 그 마음을 무릎 꿇려야 한다.
(佛이 告須菩提하시기를 諸菩薩摩訶薩은 應如是降伏其心이렷다.)

🔔

"앞 생각이 깨끗하고 뒷 생각도 깨끗한 사람이 보살이요 생각할 때마다 뒤로 물러서지 않아 티끌 세상에 살고 있지만 그 마음이 늘 맑고 깨끗한 사람이 마하살이다. 또는 자비희사慈悲喜捨의 온갖 방편으로 중생을 교화하는 사람을 보살이라 하고, 교화하는 일(사람)이나 교화받는 일(사람)에 집착하지 않는 사람을 마하살이라고 한다."(六祖)

"마하는 산스크리트어로 크다(大)는 뜻이다. 헤아릴 수 없을 만큼 마음이 넓은 사람, 크게 깨우친 사람(大悟人)이 마하살이다."(李文會)

수보리는 두 가지 질문을 했는데(마음을 어디에 머물러야 하며,

어떻게 그 마음을 무릎 꿇려야 하는가?) 세존의 대답에는 한 가지가 생략되어 있다. 왜일까? 그래도 되든지 아니면 그래야 하든지, 이유는 둘 중 하나일 터인데 앞에서 수보리의 질문을 좋은 질문이라고 칭찬한 바 있으니 반드시 그래야 했던 것은 아니겠다. 그렇다면 짐짓 질문 하나를 제외시킨 세존의 대답이 말없이 말해 주는 바는 이것 아닐까?

"마음을 어디에 머물 것인지는 생각하지 말아라. 너는 오직 네 마음을 무릎 꿇릴 길만 찾아라. 이것을 이루면 저것이 이루어진다."

수보리는 두 가지로 질문했지만 그가 풀어야 할 문제는 오직 하나가 있을 뿐이다. 그 하나를 풀면 만 가지 문제가 절로 풀린다.

부처 되는 길 어렵지 않네.
오직 가려서 고르는 짓만 하지 말게나.
좋아하고 싫어하는 일만 그만둔다면
모든 것이 환하게 밝아지리니.
(至道無難 唯嫌揀擇
但莫憎愛 洞然明白)

좋아하고 싫어하는 일이 없다면 그것은 사람이 아니라 목석木石이다. "어리석은 사람이 좌선坐禪한답시고 앉아서 오직 망상을 없애려고만 하고 자비희사慈悲喜捨와 지혜방편智慧方便을 배우지 않으면 이는 곧 목석이라 하겠다."(六祖) 부처가 곧 목석이 아닐진대 그렇다면, 좋아하고 싫어하는 마음을 지니되 좋아하고 싫어하지 말라는 얘긴가? 아니면 좋아하면서도 좋아하지 말고 싫어하면서도 싫어하지 말라는 얘긴가? 그만 하자. 이러다가 말장난으로 곤두박질하겠다.

있는 바 일체 중생의 무리 곧 알로 태어난 것, 태로 태어난 것, 습기로 난 것, 바뀌어 난 것, 모양 있는 것, 모양 없는 것, 생각 있는 것, 생각 없는 것, 생각이 있는 것도 아니요 없는 것도 아닌 것, 내가 이 모두를 무여열반에 들게 하여 멸도하리니 이와 같이 양도 없고 수도 없고 가도 없는 중생을 제도하지만, 실은 멸도를 얻는 중생이란 없는 것이다. 어째서 그러한가? 수보리여, 보살이 아상, 인상, 중생상, 수자상이 있으면 보살이 아니기 때문이다.

(所有一切衆生之類인 若卵生, 若胎生, 若濕生, 若化生, 若有色, 若無色, 若有想, 若無想, 若非有想, 非無想을 我皆令入無餘涅槃하여 而滅度之하리니 如是로 滅度無量無數無邊衆生이나 實은 無衆生得滅度者니라. 何以故인가? 須菩提여, 若菩薩이 有我相人相衆生相壽者相이면 卽非菩薩인 까닭이니라.)

🛕

"무릇 살아 있는 것은 모두 중생衆生이라 부른다. 위로 제천諸天에서 아래로 준동蠢動(벌레들의 움직임)에 이르기까지 생명이 있음을 면치 못하니 그래서 말하기를 일체 중생이라 한다. 중생

이 비록 수도 없고 끝도 없지만 아홉 가지 종種을 벗어나지 못한다."(王日休)

"일체 중생이 본디 스스로 구족具足하나 업業을 따라서 보報를 받는다. 그런 까닭에 무명無明은 난생卵生이 되고, 번뇌포라煩惱包裸는 태생胎生이 되고, 애수침음愛水浸淫은 습생濕生이 되고, 홀기번뇌忽起煩惱는 화생化生이 된다."(《敎中經》)

생명이 있다는 말은 반드시 죽는다는 말이다. 그리하여 나고 죽는 길을 끝없이 밟는 것이 곧 중생의 운명이다.

부처님은, 당신께서 일체 중생으로 하여금 나지도 않고 죽지도 않는 무여열반無餘涅槃에 들게 하여 멸도滅度하겠다고 말씀하신다. 무여無餘란 더 이상 습기習氣와 번뇌가 남아 있지 않다는 뜻이다. 열반涅槃은 산스크리트어 '니르바나'의 음역音譯인데 원만청정圓滿淸淨하다는 뜻이다. 거기에는 삶도 없고 죽음도 없다. 그러니 번뇌 망상 따위가 있을 리 없다. 모든 것이 다 갖추어져 있어서 옹근 열반이 아니라, 아무것도 없어서 무여열반이다. 〈증도가證道歌〉에 "달자들이 열반의 길에서 함께 노닌다(達者同遊涅槃路)"는 구절이 있는데, 그 주註에 이르기를, 열반이란 곧 불생불멸이니 열涅은 불생不生이요 반槃은 불멸不滅이라고 했다.

멸도滅度란, 일체 습기習氣와 번뇌를 없이 하여 삶과 죽음의 큰 바다를 건넌다(渡)는 뜻이다.

중생이 삶과 죽음의 큰 바다를 스스로 건너가는 게 아니다. 부처님이 중생으로 하여금(令) 그 바다를 건너 무여열반에 들게 하신다.

그런데 이렇게 당신께서 수도 없고 양도 없고 가도 없는 중생을 멸도시키시지만, 실實은 멸도한 중생이 없다고 하신다. 멸도滅度라는 말은 있지만 그것의 실체는 없다는 뜻이겠다. 선물을 주었는데, 그래서 저마다 선물을 지니게 되었는데, 실제로 선물을 받은 자는 없다는, 말하자면 그런 얘기다.

"《정명경淨名經》에 이르기를, 일체 중생의 본성이 항상 멸하여 없거늘 다시 무엇을 멸하겠는가? 문수보살文殊菩薩이 세존께 멸도를 얻은 중생이 없다고 하신 까닭을 여쭙자 세존 대답하시기를, '성性은 본디 청정하여 나고 죽음이 없으니 그런 까닭에 멸도를 얻은 중생이 없는 것이다. 열반이란 가서 닿을 수 있는 곳이 아니요 중생이 자성自性으로 돌아가는 것일 따름이다' 하셨다."(陳雄)

일체 중생으로 하여금 삶과 죽음의 큰 바다를 건너게 하신 분이 이르기를 아무도 바다를 건너지 않았다 하시니 무슨 말씀인가?

"어떤 중생도 멸도滅度를 얻은 바 없다"는 말씀은 이미 멸도를 얻은 중생에게만 적용되는 말씀이다. 그는 이제 중생이 아니라 보살이다. 보살이기 때문에 얻은 바가 없다. 보살에게는 무엇을 얻을 '나'가 없기 때문이다. 얻는 내가 없으니 주는 너도 없다.

'나'라고 부르는 물건이 없는 사람, 그가 보살이다. '나'라는 환幻에서 깨어난 사람, 더 이상 '나'라는 허깨비에 놀아나지 않는 사람!(라마나 마하리쉬)

'나'라는 이름으로 불리는 이 물건이 '나'인 줄로 아는 것이 아상我相이다. 아상이 있으니 인상人相이 있고 중생상衆生相이 있고 수자상壽者相이 있다.

"아상我相이 있는 자는 자신의 명위권세名位權勢와 재보예학財寶藝學을 의지하여 높은 사람을 떠받들고 귀한 사람을 대접하며 가난한 자와 어리석은 무리를 깔본다. 인상人相이 있는 자는 주主와 객客을 나누고 스스로 무엇을 안다고 생각하여, 얻지 못했으면서도 얻었다 하고 깨닫지 못했으면서도 깨달았다 하고 계戒 지키는 것을 자랑으로 삼으며 파계한 자들을 업신여긴다. 중생상衆生相을 지닌 자는 진실로 구하고 희망하는 마음이 자기한테 있다고 말하면서 말은 바르게 하나 행동은 그릇되고 입은 착하나 마음은 악하다. 수자상壽者相을 지닌 자는 깨우쳤을 때는 깨달은 것 같은데 경계가 드러나면 감정이 일어나고 여러

상에 집착하여 복리福利를 희구한다. 이 네 가지 상 가운데 어느 하나라도 있으면 중생이요 보살이 아니다."(李文會)

"중생과 불성이 본디 다른 게 아니건만 네 가지 상이 있어서 무여열반에 들어가지 못하니, 이것들이 있으면 곧 중생이요 없으면 곧 부처다. 어두우면 부처가 중생이요 깨달으면 중생이 부처인 것이다. 어두운 사람이 재물과 학문과 가문을 뽐내며 다른 모든 사람을 깔보는 것을 아상이라 하고, 비록 인의예지신仁義禮智信을 행하나 자기는 높은 뜻을 지녔다고 스스로 우쭐거리고 널리 모든 사람을 공경하지 아니하고 내가 인의예지신을 알고 행한다고 말하면서 남을 공경하지 아니함을 인상이라 하고, 좋은 일은 자기한테 돌리고 나쁜 일은 남에게 베푸는 것을 중생상이라 하고, 경계를 대하여 취사분별取捨分別하는 것을 수자상이라 하니, 이는 이른바 보통 사람의 네 가지 상相이요, 수행하는 사람에게도 또한 네 가지 상이 있으니 마음에 주와 객이 따로 있어서 중생을 업신여기는 것을 아상이라 하고, 계戒 지키는 것을 스스로 자랑스레 여겨 파계한 자 가벼이 여김을 인상이라 하고, 삼악도三惡塗의 괴로움을 싫어하여 제천諸天에 나고자 소원하는 것이 중생상이요, 마음으로 오래 사는 것을 좋아하여 복업福業을 부지런히 닦고 여러 집착을 잊지 못함이 수자상이니, 이 네 가지 상이 있으면 곧 중생이요 없으면 곧 부처인

것이다."(六祖)

모든 것이 아상我相에서 나온다. 아상 하나 없으면 다른 모든 상도 없다.

"육체가 곧 나라는 그릇된 생각이 모든 불행의 원인이며 이 그릇된 생각이 사라지면 깨달음이 드러난다. 깨달음이란 새로운 어떤 것을 얻는 것도 아니고 질이 변화되는 것도 아니다. 모든 그릇된 것들이 사라지면 깨달음이 절로 드러날 뿐이다. 궁극적 진리란 지극히 단순하다. 그것은 원래의 상태로 존재하는 것일 뿐이며 이 이상 다른 말은 필요하지 않다."(라마나 마하리쉬)

결국, 다시금, 아상이 문제다. 내가 나인 줄로 알고 있는 '나'. 그것이 모든 불행의 원인이다. 예수님도 당신을 따르려면 누구든지 자기를 부정하고 자기 십자가를 지고(죽고) 따라야 한다고 하셨다. 한마디로 아상을 여의고 나서 당신을 따르라는 말씀이다. 그분이 제자들에게 그것을 요구한 까닭은 당신이 그렇게 길을 가신 분이기 때문이다.

부처님은 일체 중생을 제도濟度하시고서 아무도 당신한테 제도받지 않았다고 하신다. 이미 아상이 없으신 분일진대, 그렇게밖에 달리 어찌 말할 것인가? 제도를 한 쪽도 그러려니와 제도를 받은 쪽도 아상 없기는 일반이니, 그도 또한 제도받은 바 없다고 말하지 않을 수 없다.

나에게 아름다운 보물이 있다. 언제부터 내게 있었는지 모른다. 그런데 그 보물이 내게 있는 줄 모르고 있었다. 그것을 날마다 만지작거리면서도 보물인 줄을 몰랐다. 그러니 나에게는 보물이 없는 거나 마찬가지였다. 있지만 없는 보물이었다. 그러다가 오늘 아침 스승을 만나 그것이 보물임을 알게 되었다. 그리하여 나는 보물을 지니게 되었다. 있지만 없던 보물이 있으면서 있는 보물로 되었다. 스승이 내게 그 보물을 준 셈이다. 그러나 그는 나에게 아무것도 주지 않았다. 나 또한 그에게서 아무것도 받지 않았다.

건너간다느니 얻는다느니 하는 '말'에 속아서 자꾸만 헛갈리는 것이다. 저 건너 언덕도, 바다도, 그 위를 건너는 나도, 모두가 진여眞如의 출현일 따름이다. 눈 한번 번쩍 뜨면 그만이라고, 번뇌도 망상도 습기習氣도 그것으로 고통받는 '나'도 더 이상 없다고, 그렇게들 말씀하신다. 모두 믿을 만한 이들의 증언이다. 무엇보다도 부처님의 말씀이 그러하시니 다만 그런 줄 믿고 살아갈 따름이다.

그런데…… 어떻게 산다? 아무래도 좀더 친절하고 비근한 가르침이 있어야겠다.

4

또한 수보리여, 보살은 모든 것에 마땅히 머무는 바 없이 보시를 행하여야 하느니, 이른바 모양에 머물지 않고 보시하는 것이요, 소리, 냄새, 맛, 느낌과 법에 머물지 않고 보시하는 것이다.

(復次須菩提여 菩薩은 於法에 應無所住하여 行於布施니 所謂不住色布施요 不住聲香味觸法布施니라.)

🔔

'어법於法'은 '모든 것에'로 얼버무려 읽는다.

보살의 삶은 그 자체가 보시布施다. 그래야 한다. "보布는 보普요 시施는 산散이다. 아무데도 머물지 않고 보시를 행한다는 말은 아상·인상·중생상·수자상을 없이 하고 번뇌 망상과 잡고 버리고 싫어하고 좋아하는 마음도 여의고 널리 베푼다는 말이다. 세존께서 이렇게 보시의 법을 가르치셨으니, 안으로는 일체의 집착을 깨부수고 밖으로는 일체 중생을 이롭게 하는데 보살의 보시는 어디에도 머무는 바가 없어서, 내가 있어서 남에게 베푼다고 드러내지 않으며, 네가 있어서 나한테 받는다고 드러내지 않으며, 중간에 물건이 있어서 그것을 주고받는다고 드러내지 않는다. 나·너·물건 삼체三體가 모두 공空이다. 모자람이 채워지는 것을 좋아하지 않고 보은을 바라지 않고 과보果報를 구하지 않고 베푼다. 범부의 보시는 복리福利를 바라는 마음으로 베푸는 것이라, 이는 상相에 머물러 베푸는 보시다."(龍濟和尙)

색성향미촉법色聲香味觸法은 사람의 눈·귀·코·혀·살갗·생각이 가서 닿는 대상이다. 이렇게 여섯 가지 문門을 통해 사람은 바깥 대상으로 가기도 하고 그것들을 받아들이기도 한다. 그렇게 드나드는 것을 살아 있다고 한다. 여섯 문이 막혀 있으면 죽은 것이다.

보살은 살아 있는 사람이다. 그러기에 여섯 문이 늘 활짝 열려 있다. 눈으로 색을 보고 귀로 소리를 듣는다. 그런데 그 보이는 색과 들리는 소리에 머물지 않는다. 여기서 말하는 '머물지 아니함(不住)'은 사로잡히거나 붙들려 있지 아니함(無執着)을 뜻한다. 눈으로 모양을 보되 그 모양에 사로잡히지 않는다는 말은, 모양을 보면서 모양에 눈길이 막히지 않고 그것의 실체인 공空을 꿰뚫어 본다는 말이다. 여기 잘생긴 보석이 있다. 보살의 눈은 번쩍이는 보석을 보면서 그 생김새에 눈길이 머물지 않는다. 보석의 모양을 한 공空을 보고 있는 것이다. 소리도 그렇고 맛도 그렇고 냄새도 그렇고 세상 모든 것이 그렇다. 모두가 공이요, 공을 그렇게 나타내고 있는 것이다. 보살의 눈에는 모든 것이 투명한 유리처럼, 다만 실상實相인 공을 보여 줄 따름이다. 그것들을 보고 있는 나의 눈(코·귀·입……)도 마찬가지다. 삼체개공三體皆空이라, 베푸는 자도 받는 자도 주고받는 물건도 모두가 공이다. 있으면서 없고 없으면서 있는 것이 공이다. 남는 것은 다만 베풂이라는 행行이 있을 따름이다.

준 자도 없고 받은 자도 없으며 주고받은 물건도 없는데 보시는 있다. 무슨 말인가? 보살의 삶이란 그 자체가 널리 베푸는 것이다. 물이 보살이요 나무가 보살이다. 그들의 존재 자체가 끝없이 주고받는 것이다. 주는 것과 받는 것은 하나다. 주는 것이 받는 것이요 받는 것이 주는 것이다. 보살은 그렇게 끝없이 주고받음으로써 영원히 산다. 있는 것은 다만 '주고받음' 그것이 있을 뿐이다. 그것을 다른 말로 하면 '사랑'이다. 천상천하에 오직 사랑만이 존귀할 따름이다.

보살의 삶은 사랑의 구현이다. 참된 사랑은 아무데도 집착하지 않는다. 바람처럼 제가 불고 싶은 대로 부는데 과거도 미래도 없다.

"색이 이미 본디 공일진대 소리가 무엇을 좇아서 나겠는가?

이와 같이 깨달은 사람이면 비록 삶과 죽음 사이에 있어도 삶과 죽음이 그를 얽매지 못하며 여섯 티끌(六塵) 가운데 있어도 그 것들에 더러워지지 않으니 재재처처在在處處에 그 마음이 늘 맑고 깨끗하다."(傅大士)

수보리여, 보살은 마땅히 이와 같이 보시를 베풀어 상에 머물지 않아야 한다. 어째서 그런가? 만약에 보살이 상에 머물지 않고 보시를 하면 그 복과 덕을 헤아릴 수 없기 때문이다.

(須菩提여 菩薩은 應如是布施하여 不住於相이니라. 何以故오. 若菩薩이 不住相布施면 其福德을 不可思量이니라.)

🛆

상相에 머물지 않는다는 말은 여섯 경계(六境)와 여섯 문(六門)에 집착하지 않는다는 말이다. 그런 사람은 보시를 베푸는 데 자기가 누구에게 무엇을 준다는 의식이 전혀 없다. 의식이 없다는 말은 자기가 무엇을 하고 있는지를 모른다는 말이다.

물은 흐르면서 만물을 이롭게 하지만 자기가 그러고 있다고 생각하지 않는다. 그래서 노여워하거나 다투지를 않는다. 보살은 그와 같은 사람이다. 끊임없이 모든 것에 모든 것을 베풀지만 자기가 그러고 있는 줄을 모르는지라 결과에 초연하다.

복덕福德을 헤아릴 수 없다는 말은 너무 많아서(또는 너무 적어서) 헤아릴 수 없다는 뜻이 아니다. 헤아릴 복덕이 없다는 말이다. 그러나 이는 복덕이 아예 없다는 말은 아니다. 있다. 있는데

허공처럼 있다. 밤하늘에 반짝이는 별은 헤아릴 수 있겠지만 그
것들을 반짝이게 하는 허공은 헤아릴 수 없다. 보시를 베푸는
보살의 복덕이 그와 같아서 헤아릴 수 없는 것이다.

"다만 모든 것(諸法)이 꿈과 같고 그림자 같고 메아리 같고 물
에 떠 있는 달과 같고 거울에 비친 모습과 같음을 알아야 한다.
모든 법에 통달하고 어떤 상相에도 머물지 않으면 마음이 허공
과 같아져서 어디에도 걸리지 않는다. 마음이 상에 머물면 존재
하는 것들에 사로잡힌다. 그러므로 모든 법을 깨달아 알고 어떤
상에도 머물지 않으면 곧 불성을 볼(나타낼) 수 있다."(逍遙翁)

수보리여, 그대 생각은 어떠한가? 동쪽 허공을 헤아릴 수 있겠느냐? 헤아릴 수 없습니다, 세존이시여. 수보리여, 남쪽 서쪽 북쪽과 네 모서리와 위아래 허공을 헤아릴 수 있겠느냐? 없습니다, 세존이시여. 수보리여, 보살이 상에 머물지 않고 널리 베풀면 복덕이 또한 이와 같아서 헤아릴 수 없다. 수보리여, 보살은 다만 마땅히 가르침을 받은 바에 머물러야 한다.

　(須菩提여 於意云何오, 東方虛空을 可思量不인저? 不也니이다, 世尊이시여. 須菩提여 南西北方과 四維上下虛空을 可思量不인저? 不也니이다, 世尊이시여. 須菩提여 菩薩이 無住相布施면 福德亦復如是로 不可思量이니라. 須菩提여 菩薩은 但應如所敎住니라.)

　동쪽 서쪽 남쪽 북쪽 위 아래 허공을 헤아릴 수 없는 까닭은 그것들이 모두 공空이기 때문이다. 있지 아니한 것을 무엇으로 어떻게 헤아릴 것인가? 헤아릴 잣대도 없고 헤아려질 물건도 없다.

　보살이 상相에 머물지 않고 베푸는 보시는 베푼 바 없이 베풀어지는 보시다. 그러니 그 복덕을 또한 어찌 헤아릴 수 있겠는가?

  어리석은 사람이 하늘의 은덕을 갚는다고 말한다. 저 가없는 허공을 무슨 수로 채운다는 말인가? 그러나 더욱 어리석은 자는 말한다. 나는 하늘의 은덕을 받은 바 없다고.

5

 수보리여 그대 생각은 어떠한가? 몸 모양으로 여래를 볼 수 있겠느냐? 못 봅니다, 세존이시여. 몸 모양으로 여래를 보지는 못합니다. 어째서 그런가 하면, 여래께서 이르신 바 몸 모양은 몸 모양이 아니기 때문입니다.
 (須菩提여 於意云何오. 可以身相으로 見如來不인저? 不也니이다, 世尊이시여. 不可以身相으로 得見如來로소이다. 何以故오, 如來所說身相은 即非身相이니이다.)

🛕

 불상佛像은 부처님이 아니다. 불상을 부처님으로 아는 것은 내 몸을 나로 아는 것과 마찬가지 착각이다. 이 착각에서 벗어나 참된 나를 보는 것, 참된 나로 사는 것이, 깨달은 이(부처)의 삶이다. 그러나 그의 삶은 몸을 떠나 어디 다른 데 있는 것이 아니다.
 색신色身은 모양(相)이 있고, 법신法身은 모양이 없다. 색신은 땅·물·불·바람이 임시로 합하여 이룬 것이고, 법신은 꼴도 모양도 없다. 색신 곧 범부요 법신 곧 여래다.

"무릇 도道를 배우는 사람이 요결要訣을 알고자 할진대는 다만 그 마음으로 일물一物에도 집착하지 말 일이다. 부처님의 진법신眞法身은 허공과 같으니 이를 일컬어 법신 곧 허공이요 허공 곧 법신이라고 했다. 사람들이 말하기를 법신이 허공에 두루 있고 허공이 법신을 제 속에 함용含容한다고 하는 것은 허공 곧 법신이요 법신 곧 허공임을 모르고 그렇게 말하는 것이다. 허공과 법신에 다른 상相이 없고 부처와 중생에 다른 상이 없으며 생사와 열반에 다른 상이 없고 번뇌와 보리에 다른 상이 없다. 일체의 상을 떠나면 곧 부처라고 부른다."(黃檗禪師)

하느님이 어디 있다고 하면 그는 하느님이 아니다. 하느님의 상像을 빚어 만들지 말라고 한 이유는 그래서 부작용이 생길 것을 염려해서가 아니라 그것이 처음부터 불가능한 때문이다. 불가능한 것을 했다고 하면 그것은 속임수요 거짓이다.

불상을 부처님으로 보면, 부처님을 보여 주려고 있는 물건이 오히려 그를 가리고 만다.

부처를 보는 눈은 모든 것에서 부처를 본다. 그의 눈에는 보이는 것마다 불상 아닌 게 없다. 만물이 '나'의 한 모습인 것이다.

꿈에 내가 깡패에게 시달림을 받는다. 내가 꾸는 꿈이니, 시달리는 나도 나의 한 모습이요 괴롭히는 깡패 또한 나의 한 모습이다. 깨달은 이는 사람들이 현실이라고 부르는 이 세상 또한 꿈과 같음을 알고 있다. 그런 까닭에 존재하는 모든 사물과 일어나는 모든 사건이 '나'의 한 모습일 따름이다.

부처님께서 수보리에게 이르시기를, 무릇 상이 있는 것은 모두가 허망이니 모든 상이 상 아님을 보면 곧 여래를 보는 것이다.

(佛이 告須菩提하시기를 凡所有相이 皆是虛妄이니 若見諸相非相이면 卽見如來니라.)

🕯

모든 보이는 것은 보이지 않는 것에서 나왔다.(《히브리서》 11:2) 만일 누가 어떤 사물에서 그것을 있게 한 '사물 아닌 것'을 본다면 그는 시방 하느님을 보고 있는 것이다.

허虛는 차 있지 아니함(不實)이요, 망妄은 참되지 아니함(不眞)이다. 아무리 단단한 사물이라 해도 그 실체를 들여다보면 확률로서만 소재所在를 말할 수 있는 소립자들의 부단한 움직임일 뿐이다. 있다고 말하는 순간 이미 거기에 없고 없다고 말하는 순간 벌써 거기에 있다. 있다고 할 수도 없고 없다고 할 수도 없다. 그것이 상相이다.

"부처님의 신상身相만이 무상無相이 아니라 모든 상 있는 것이 다 허虛요 망妄이다. 색신은 상이 있다. 그러므로 허망이라고 했다. 법신은 상이 없다. 그러므로 비상非相이라고 했다." (李文會)

사물을 어떻게 보는가? 그것이 여래를 보는 것과 연관되는 문제라는 얘기다.

"나는 남자다" 이보다는 "나는 사람이다"가 더욱 여래를 보는 눈에 가깝다. "나는 사람이다" 이보다는 "나는 생물이다"가 더욱 여래를 보는 눈에 가깝다. "나는 생물이다" 이보다는 "나는 일물一物이다"가 더욱 여래를 보는 눈에 가깝다. 남자→사람→생물→일물로 갈수록 나의 품은 넓어지고 정체는 흐릿해진다. 그리하여 마침내 우주와 합일될 만큼 커지고 아무것도 아닌 것으로 돌아간다면…… 천지 사방에 모든 것이 여래이거늘 여래 아닌 다른 무엇을 볼 수 있겠는가?

인생은 등산이다. 오를수록 입지立地는 좁아지고 시야는 넓어진다. 비상非相인 실상實相을 향한 걸음이 아닐진대, 밥 먹고 똥 싸고 가르치고 배우는 이 모든 것이 다 무슨 헛장난이란 말인가?

6

수보리가 부처님께 아뢰기를, 세존이시여, 그와 같은 말씀을 듣고 알찬 믿음을 내는 중생이 얼마나 있겠습니까? 부처님께서 수보리에게 이르시기를, 그런 말 하지 말아라. 여래가 멸한 뒤 오백 세歲에도 계를 지니고 복을 닦는 자가 있어서 이 한마디에 능히 믿는 마음을 내어 이로써 열매를 맺는다. 마땅히 알아라, 그 사람은 첫 번째 부처, 두 번째 부처, 셋 넷 다섯 번째 부처가 계실 때에만 좋은 씨를 뿌린 게 아니라 수를 헤아릴 수 없이 많은 부처가 계실 때에 이미 좋은 씨를 뿌렸기에 그 한마디를 듣고 한 생각에 이르러 깨끗한 믿음을 낸 사람이다.

(須菩提가 白佛言하기를, 世尊이시여 頗有衆生이 得聞如是言說章句하고 生實信不리이까? 佛이 告須菩提하시대 莫作是說하라. 如來滅後後五百歲에 有持戒修福者가 於此章句에 能生信心하여 以此로 爲實이니라. 當知하라, 是人은 不於一佛二佛三四五佛에 而種善根이요 已於無量千萬佛所에 種諸善根이라. 聞是章句하되 乃至一念에 生淨信者니라.)

"마땅히 어디에도 머물지 말고 널리 베풀라(應無所住行於布施)"는 말은 사랑을 하되 어디에도 구애받지 말라는 뜻이다. 말하자면 온전한 사랑과 온전한 자유를 누리라는 얘기다. 말하기는 쉽지만 그대로 하기란 그냥 어려운 정도가 아니다. 거의 불가능에 가까운 일이다. 베풀되 베푸는 나에게도 그것을 받는 상대에게도 눈길 한 번 주는 법 없이 과연 그렇게 베풀 수 있는 것일까? 아니, 자기가 그럴 수 있다고 믿는 사람인들 있겠는가?

수보리가 의문을 품고, 과연 그런 믿음을 내는 중생이 있겠느냐고 여쭈었을 때 부처님은 한마디로, "그런 말 하지 말아라"고 잘라 버리신다.

여래멸후후오백세如來滅後後五百歲는 사람들이 여래의 법을 그대로 따르지 않는 말법 시대를 가리킨다. 그런 시대에도 계를 지니고 복을 닦는(持戒修福) 사람들은 있다. 언제 어디나 '남은 자'는 있게 마련이다. "세상이 사람의 죄악으로 가득 차고 사람마다 못된 생각만 하는", 그래서 말 그대로 무법천지가 된 노아 시대에도, "올바르고 흠 없는" 사람 노아가 있었다.(《창세기》 6: 5~12)

"계를 지닌(持戒) 사람은 어떤 악도 짓지 않고 복을 닦는(修福)

사람은 온갖 선을 받들어 행한다. 계를 지니고 복을 닦는 것은 곧 좋은 씨를 뿌리는 것이다."(僧 若訥)

"첫 번째 부처, 두 번째 부처…… 헤아릴 수 없이 많은 부처가 계실 때에"란 말은 헤아릴 수 없이 오랜 세월이란 뜻이다. "부처님 한 분이 출세出世하신 때를 일겁一劫이라고 한다."(李文會)

불경 한 구절에 문득 믿는 마음을 내고 그 믿음으로 해탈의 열매를 거두는 것이 육안으로 보기에는 한순간에 이루어지는 일처럼 보이겠지만 그렇지 않다. 그것은 헤아릴 수 없이 오랜 세월, 악을 버리고 선을 택한 수행의 결실인 것이다. 아무나 선과 악을 함께 버리는 경지에 드는 것이 아니다. 선을 받들고 악을 버리는 수행의 오랜 세월을 통과한 자에게만 선과 악이 함께 사라지는 신천지新天地가 열린다.

이제 수행의 공덕이 결실을 맺을 때가 되면, 그 '때'가 아무리 말법 시대라 하더라도 상관없이, 경經 한 구절을 듣고 곧장 '한 생각(一念)'에 들어간다. 그리하여 '깨끗한 믿음'을 내게 된다.

"한 생각에 이르러 깨끗한 믿음을 낸다는 말은 범부가 세상 한복판에서 일체의 선과 악, 범凡과 성聖을 같이 보는(等見) 눈을 뜬다는 말이다. 어떤 것은 잡고 어떤 것은 버리는 마음을 품고 끝없이 헛된 생각(妄念)을 심으면 깨끗한 믿음을 낼 수 없다. 보살이 사람과 법이 둘 다 공空임을 깨우치고 온갖 헛된 생각을 버리면 마음이 늘 맑고 깨끗하여 법法을 듣고 곧 믿는다. 그런 까닭에 한 생각이 깨끗한 믿음을 낸다고 말한 것이다."(李文會)

이 대목의 '종선근種善根'과 '신심信心' 두 단어에 대한 육조六祖 스님의 해설이 매우 친절하다.

"무엇을 일컬어 좋은 씨를 뿌리는 것이라고 하는가? 이른바 모든 부처님이 계신 곳에 한 마음으로 공양하고, 교법敎法에 잘 따르고, 여러 보살과 선지식善知識과 스승 스님과 부모와 노인과 덕이 높으신 분들이 계신 곳에 늘 공경하는 마음으로 공양하고, 내려받은 교명敎命을 받들어 그 뜻을 어기지 않는 것이 좋은 씨를 뿌리는 것이다. 가난하여 고생하는 중생을 대하여 자비심을 품고 업신여기거나 싫어하는 일 없이 그들이 얻고자 하는 바가 있으면 힘껏 베풀어 주는 것이 좋은 씨를 뿌리는 것이다. 악한 무리에 대하여 스스로 부드럽게 어울려 주고 오래 참아 주며 기쁘게 받아들이고 그들의 뜻에 거역하지 아니하여 저들로 하여금 환희심歡喜心을 내어 사나운 마음을 그치게끔 하는 것이 좋은 씨를 뿌리는 것이다. 육도중생六道衆生을 대하여 죽이지도 해하지도 않고, 속이지도 천대하지도 않고, 헐지도 욕하지도 않고, 타지도 때리지도 않고, 그 고기를 먹지 않고, 언제나 이익되게 행하는 것이 좋은 씨를 뿌리는 것이다."

"신심信心이라 하는 것은, 반야바라밀般若波羅蜜이 일체 번뇌를 능히 없앨 수 있음을 믿는 것이요, 반야바라밀이 모든 출세공덕出世功德을 능히 성취할 수 있음을 믿는 것이요, 반야바라밀이 모든 부처님을 능히 나게 할 수 있음을 믿는 것이요, 자기 몸의 불성이 본래청정本來淸淨하여 조금도 때가 묻지 않았고 다른 모든 불성과 더불어 평등무이平等無二함을 믿는 것이요, 육도중생이 본디부터 상相이 없음을 믿는 것이요, 모든 중생이 마침내 성불成佛할 것을 믿는 것이니, 이를 두고 깨끗한 신심이라 하였다."

수보리여, 여래가 모두 알고 모두 보거니와 이 모든 중생이 이와 같은 가없는 복덕福德을 얻었다. 어째서 그런가 하면, 이 모든 중생에 다시는 아상, 인상, 중생상, 수자상이 없고 법상法相도 없고 법 아닌 상도 없기 때문이다. 어째서 그러한가? 이 모든 중생이 만약에 마음으로 상相을 잡으면 곧 나와 남과 중생과 목숨에 붙잡힌 것이요, 법상法相을 잡아도 곧 나와 남과 중생과 목숨에 붙잡힌 것이기 때문이니 어째서 그러한가? 만약에 법 아닌 상을 잡아도 곧 나와 남과 중생과 목숨에 붙잡힌 것이기 때문이다.

(須菩提여 如來가 悉知悉見하거니와 是諸衆生이 得如是無量福德이니라. 何以故오, 是諸衆生에 無復我相人相衆生相壽者相하고 無法相이며 亦無非法相이니라. 何以故오, 是諸衆生이 若心取相하면 卽爲着我人衆生壽者요 若取法相이라도 卽着我人衆生壽者니 何以故오, 若取非法相이라도 卽着我人衆生壽者니라.)

🛕

깨끗한 믿음(淨信)이란 말은 아무것도 없는 믿음이란 말이다. 믿음만 있고 아무것도 없다. 믿는 나도 없고 믿는 대상도 없고 믿는 일도 또한 없다. 그러니 그 믿음에 붙잡히지 않는다. 그런 사람은 이미 헤아릴 수 없는 복덕福德을 누리고 있다.

잡으면(取) 잡힌다(着). 잡는 대상이 무엇이든 결과는 마찬가지다.

"생각은 있으나 깨닫지 못함(有念無覺)은 범인의 경계요 생각이 있어서 깨달음(有念有覺)은 현인의 경계요 생각 없이 깨달음(無念有覺)은 성인의 경계다. 지혜로운 사람이 문득 깨달아도 그것을 말로 하려니 말로 하기가 어렵구나."(逍遙翁)

이런 까닭에 마땅히 법을 잡지 말고 법 아닌 것도 잡지 말아야 한다. 이런 뜻에서 여래가 늘 말하기를, 그대들 비구는 나의 설법이 뗏목과 같은 것임을 알라고 하였으니 법을 버려야 할진대 하물며 법 아닌 것이야 어떠하겠느냐?

(是故로 不應取法이요, 不應取非法이라. 以是義故로 如來가 常說하기를 汝等比丘는 知我說法이 如筏喻者이라 하였느니 法을 尙應捨어든 何況非法이리오.)

이것이 도道다, 라고 말하면 그것은 이미 도가 아니다. 그러니 그것을 붙잡아서는 안 된다. 이것도 도 아니고 저것도 도 아니고…… 그래서 모두가 도 아니면, 그러면 도 아닌 무엇(非道)이 있으려니 하는데 그런 것도 실은 없다.

세상에는 도인 것도 없고 도 아닌 것도 없다. 그러니 이것도 저것도 잡아서는 안 된다.

뗏목이란 강을 건널 때 사용하는 도구다. 그러나 일단 강을 건너면 뗏목을 그 자리에 두고 떠난다. 선생이란 내가 그에게서 무엇을 배우는 사람이다. 배울 것 다 배웠으면 떠나야 한다. 그런데 실제 현실에서는 제자가 스스로 배울 것을 다 배웠는지 잘 모르니까 선생이 알아서 떠나보내는 일이 있다. 때가 되었는데도 제자를 떠나보내지 않거나 스스로 선생 자리에 머물러 있으려고 한다면 그는 선생이 아니다.

부처님은 황금같이 소중한 당신 가르침을 뗏목이라고 하신다. 대단한 말씀이 아니라 지당하신 말씀이다.

그러나 어리석은 아무개, 이쯤에서 슬쩍 한마디 하지 않을 수 없구나. 뗏목은 그것을 타고 강을 다 건넌 사람에게만 '마땅히 버려야 하는(尙應捨)' 물건이다. 한참 깊은 물을 건너고 있는 놈이 다 건넌 줄 알고 뗏목을 버린다면 어찌 되겠는가? 그러니 뗏목 같은 부처님 말씀을 버릴 걱정일랑 놓을 일이다. 때가 되면 누가 버리지 말라고 해도 저절로 버려진다. 네 이놈! 지금은 네 놈이 더욱 그 말씀에 단단히 매달려야 할 때인 줄을 모르느냐?

7

 수보리여 그대 생각은 어떠한가? 여래가 아누다라삼먁삼보리를 얻었는가? 여래가 법을 설한 바 있는가? 수보리가 아뢰기를, 부처님께서 말씀하신 뜻을 제가 살피건대 아누다라삼먁삼보리라고 이름 붙일 정법定法은 없고, 여래께서 설하신 것이라고 이름 붙일 정법 또한 없습니다.
 (須菩提여 於意云何오. 如來가 得阿耨多羅三藐三菩提耶아. 如來가 有所說法耶아. 須菩提가 言하기를, 如我解佛所說義컨대 無有定法名阿耨多羅三藐三菩提요 亦無有定法名如來可說이니이다.)

 이미 알고 있던 것을 아는 것이 깨달음이다. 이미 지니고 있던 것을 지니게 되는 것이 '얻음'이다. 부처가 부처로 되는 것이 '성불成佛'이다.
 새삼 무엇을 얻고 알고 또 무엇으로 되었단 말인가?
 "사람들의 근기根機가 예리하고 둔한 바 있어서 정진精進을 하기도 하고 게으름을 피우기도 하는지라 그 감당할 만한 능력에 따라서 설법을 한다. 이런 까닭에 법에는 정해진 모양(定相)이 없는 것이다. 다만 어리석음과 깨달음이 다를 뿐이다. 아직 깨닫지 못했을 때에는 얻은 바 없는 것 같고 깨닫고 나면 얻은 바 있는 것 같지만 얻음과 못 얻음이 모두 헛된 생각(妄見)이다. 다만 어디에도 집착하지 않고 스스로 중도中道에 머무는 것이라, 어찌 정해진 법이 따로 있고 또 그것을 말로 할 수 있겠는가?"《法華經》)

어째서 그러한가 하면, 여래께서 말씀하신 법은 모두가 잡을 수 없고 말로 할 수 없고, 법이 아닌 것이요 법 아닌 것도 아닌 것이려니와, 그 까닭은 모든 성현이 다 무위법으로 차별을 두었기 때문입니다.

(何以故오, 如來所說法은 皆不可取요 不可說이요 非法이요 非非法이려니와 所以者가 何오, 一切聖賢이 皆以無爲法으로 而有差別이니이다.)

🕭

중학생에게는 중학생이 알아들을 만한 것을 중학생이 알아들을 만한 언어로 가르친다. 대학생에게는 대학생이 알아들을 만한 것을 대학생이 알아들을 만한 언어로 가르친다. 그러니 가르침의 정해진 내용과 수단이 따로 어디에 있겠는가?

성현이 이 사람에게는 이렇게 저 사람에게는 저렇게 차별을 두어 가르치는데 그 가르침을 가능케 하는 것은 결국 무위법無爲法이다.

법이 따로 있다고 하면 없다고 대답해야 하고 없다고 하면 있다고 대답해야 한다. 배우는 사람은 어디에도 집착하지 말아야 하기 때문이다. '이것을 깨달았다'고 생각될 때 이미 "이것이 아님을 깨달았다"고 말할 수 있어야 과연 무엇을 깨달은 것이라 하겠다. '이것'은 '이것 아닌 것'이 있어서 비로소 존재하기 때문이다.

내가 과연 법을 설했느냐는 세존의 질문에 수보리는 직답直答을 피하고, 세존께서 설하신 법은 법이라고 할 수 없는 법이라고 대답한다. 그러니 세존이 법을 설했다는 말이냐 설하지 않았다는 말이냐?

묻지 말아라, 대답할 말이 없다. 내가 그대에게 허공을 안겨 주었다. 내가 그대에게 무엇을 주었는가 주지 않았는가? 주었다고 말하면 받은 바 없다고 할 것이요 주지 않았다고 말하면 받았다고 하리라.

나도 그것이요
너도 그것이요
그것도 그것이다.

모두가 천상천하에 유독존唯獨尊인 '아我'의 출현이다. 내가 나에게 나를 주었으니 누가 무엇을 받았다는 말인가? 또 누가 받지 않았다는 말인가?

그러니 이제 우리는 두 손 놓고 주저앉아 가만히 있을 것인가? 가만히 앉아 있는 것도 '일'이니 그럴 수가 없다.

  베푸는 자도 그것을 받는 자도, 둘 다 공空이다. 그래도 '베풂'은 있다. 아니, 있어야 한다. 어느 것에도 머물지 않고 끝없이 이어지는 보시(無住相布施). 그것이 바로 우주요 정토淨土요 하느님 나라이기 때문이다.

8

 수보리여 그대 생각은 어떠한가? 만약 어떤 사람이 삼천대천세계에 가득 찬 칠보로써 널리 베푼다면 그 사람이 얻은 바 복덕은 과연 많겠느냐? 수보리가 아뢰기를, 매우 많습니다, 세존이시여. 어째서 그런가 하면, 그 복덕은 곧 복덕성福德性이 아니므로 그런 까닭에 여래께서 복덕이 많다고 하신 것입니다.

 (須菩提여 於意云何오. 若人이 滿三千大千世界七寶로 以用布施면 是人所得福德이 寧爲多不아? 須菩提가 言하기를, 甚多니이다, 世尊이시여. 何以故오, 是福德卽非福德性이므로 是故로 如來說福德多니이다.)

 많다는 것은 적다는 것과 같은 말이다. 많고 적음이 모두 계량計量에서 나오는 것이기 때문이다.

 복덕福德과 복덕성福德性은 어떻게 다른가?

 "삼천대천세계의 칠보로 널리 베풀면 얻는 복이 비록 많으나 성性에는 아무 이익이 없다. 마하반야바라밀다를 좇아서 수행을 하면 자성自性으로 하여금 여러 있는 것들(諸有)에 떨어지지 않게 하니 이를 이름하여 복덕성福德性이라 한다. 마음에 주는 자와 받는 자가 있으면 곧 복덕성이 아닌 것이요, 주는 마음 받는 마음이 없으면 이를 이름하여 복덕성이라 한다. 마음이 부처님의 가르치심에 기대고 행동이 부처님의 행실과 같으면 이를 이름하여 복덕성이라 하고, 부처님의 가르침에 기대지 않고 부처님의 행실을 좇아 밟지 않으면 곧 복덕성이 아닌 것이다."
(六祖)

부처님한테는 '남'이 없다. 그러니 무엇을 베풀 때 주는 '나'가 어디 있고 받는 '너'가 어디 있겠는가?

내 이마에 묻은 때를 내 손이 닦는다. 누가 누구를 닦은 것인가? 누가 누구에게 은혜를 베풀었으며 누가 누구에게 감사할 것인가?

수보리가 세존에게 "많습니다" 하고 대답한 것은 하나도 없다는 뜻이다. 달마達磨는, 절을 세우고 승려를 양성한 자신의 공덕이 있겠느냐는 양무제梁武帝의 질문에 직설直說로 대꾸한다. "없소!"

또 어떤 사람이 있어, 이 경經에서 사구게四句偈만이라도 받아 지녀 남을 위해 설해 준다면 그 복이 저 사람보다 크니 어째서 그러한가? 수보리여. 모든 부처와 모든 부처의 아누다라삼먁삼보리법이 죄다 이 경에서 나왔기 때문이다.

(若復有人이 於此經中에 受持乃至四句偈等하여 爲他人說하면 其福이 勝彼하니 何以故오, 須菩提여. 一切諸佛과 及諸佛阿耨多羅三藐三菩提法이 皆從此經出이니라.)

￼

경經은 문자로 이루어져 있지만 문자로 담을 수 없는 내용을 담고 있다. 경은 보이는 손가락이지만 보이지 않는 달을 가리키고 있다. 경이 가리키고 있는 그 '달'에서 삼라만상이 나왔다. 해와 달도 거기서 나왔고 사람도 짐승도 물고기도 나무도 모두 거기서 나왔다. 부처도, 부처가 깨달은 법도 모두가 거기서 나왔다.

그러니 삼천대천세계의 칠보라는 게, 그게 다 무엇인가? 경에 담겨 있는 그것, 순수 의식이라고 하기도 하고 자연自然이라 부르기도 하고 공空 또는 무無라 부르기도 하고 하느님이라고 부르기도 하는, 도무지 어떤 이름으로도 가서 닿을 수 없는 그것(또는 그분) 앞에서, 아무것도 아닌 것이다.

"이 경經은 대지大地와 같으니 어떤 물건이 땅의 소생所生 아니겠으며 모든 부처님들이 오직 한 마음(一心)을 가리키고 계시니 어떤 법이 그 마음의 세운 바(所立)가 아니겠는가?"(忠國師)

'경經'을, 그것을 이루고 있는 '문자'들과 동일시하면 잘못이다. 경은 문자로 되어 있지만 문자가 아니다. 사람이 세포로 이루어져 있지만 세포가 아니듯이.

경의 한 구절을 남에게 읽어 주는 것은 '보이지 않는 것'을 남에게 베푸는 일이다. 만물은 생어유生於有하고 유有는 생어무生於無라, 모든 것이 유에서 나왔고 유는 무에서 나왔다.(《老子》, 41장) 그러니 만물은 유有의 자식이고 무無는 유의 어미다. 자식이 아무리 커도 어미만큼 크지는 못한 법. 따라서 온 세상 칠보로 보시를 해도 그 공덕은 경 한 구절 읽어 주는 보시의 공덕에 견줄 바가 못 되는 것이다.

삼천계 가득 찬 보물로
복전福田을 일구어도
다만 누업漏業을 이룰 뿐이라
끝내 인천人天을 떠나지 못하네.
경을 몸에 지녀 사구四句를 잡으면

성인聖人과 더불어 좋은 인연 이루느니.
무위無爲의 바다에 들고자 하거든
반드시 반야선般若船을 타시게나. (傅大士)

여기서 어리석은 아무개, 또 한마디 사족을 단다. 그렇다고 해서 이 말씀이 물질로 보시하는 일의 무용無用을 말하고, 따라서 지금 자기가 지니고 있는 것을 이웃과 나누는 '허튼짓'을 하지 말라고 부추기는 것은 아니다. 글을 그렇게 읽어서는 안 되는 법이다.

거듭 말하거니와, 향선배악向善背惡을 하지 않고서 선악을 함께 버리는 길로 곧장 가는, 그런 중생은 없다. 자기에게 있는 것을 이웃과 나누는 일조차 못하면서 어찌 경經을 지녀 그것을 남에게 설할 것인가? 다만 보이는 것을 통하여 보이지 않는 것에 닿아야 한다는 지상 과제를 잊지 말고, 보이고 잡히는 것에 머물러 안주하지 말라는 그런 얘기겠다.

수보리여. 이른바 부처의 법이라는 것이 부처의 법이 아니니라.

(須菩提여. 所謂佛法者가 卽非佛法이니라.)

불법佛法이라는 이름으로 불리는 것이 그게 불법이 아니라는 말이다.

"이는 모든 문자와 글귀가 표지標識나 손가락과 같다는 말씀이다. 표지나 손가락은 곧 그림자나 메아리를 뜻한다. 표지를 의지해서 사물을 취하고 손가락을 의지해서 달을 보는데 달은 손가락이 아니요 표지는 물건이 아니다. 다만 경經을 의지하여 법法을 취하거니와 경은 법이 아니니, 경문經文은 육안으로 볼 수 있지만 법은 혜안慧眼으로만 볼 수 있다. 혜안을 뜨지 못한 자는 경만 보고 법은 보지 못한다. 법을 보지 못하면 부처님의 뜻을 이해하지 못하고, 부처님의 뜻을 이해하지 못하면 끝내 부처님의 도道를 이루지 못할 것이다."(六祖)

"문자는 사람을 죽이고, 성령은 사람을 살립니다."(성 바울로)

옳으신 말씀이다. 그러나 '문자'가 없다면 우리가 그 '옳으신 말씀'을 어찌 들을 수 있겠는가?

9

　수보리여 그대 생각은 어떠한가? 수다원이 생각하기를, 내가 수다원과를 얻었다고 할 수 있겠느냐? 수보리가 아뢰기를, 그렇지 않습니다, 세존이시여. 왜 그런가 하면 수다원을 일컬어 성스런 흐름에 들어갔다고 합니다만 들어간 바가 없으니 모양, 소리, 냄새, 맛, 느낌, 생각에 들어가지 않는데 이를 이름하여 수다원이라고 했기 때문입니다.

　(須菩提여 於意云何오. 須陁洹이 能作是念하되 我得須陁洹果不아. 須菩提言하기를 不也니이다, 世尊이시여. 何以故오. 須陁洹을 名爲入流나 而無所入이니 不入色聲香味觸法인데 是名須陁洹이니이다.)

🔔

　수다원須陁洹은 산스크리트어 쇼타파나shotapana의 음역. 사다함斯陀含, 아나함阿那含, 아라한阿羅漢과 함께 이른바 네 나한(四羅漢)을 이룬다.
　"수다원이란 범어梵語요 당언唐言으로는 역류逆流라 하니 생사의 흐름을 거슬러 세상의 때에 더럽혀지지 않고 한결같이 무루업無漏業(번뇌에 젖지 않는 업)을 닦아 거칠고 무거운 번뇌가 일어나지 않게 하여 다시는 지옥, 아귀, 축생 따위의 몸을 받지 않게 되니 이를 일컬어 수다원이라고 한다."(六祖)

'입류入流'란 성스런 흐름(聖流)에 들어갔다는 뜻이다. 한 방울 물이 바다로 이어지는 '흐름'에 들어가면 이제 그가 '바다'로 되는 것은 시간 문제일 뿐이다.

모든 개울이 강에 이어지고 강은 또한 바다에 이어진다. 그러므로 개울과 바다는 둘이 아니다(不二). 낮은 곳으로 흐르기 시작한 물은 결코 계곡을 거슬러 올라가지 못한다. 입류한 사람은 지옥이나 아귀나 축생의 몸으로 환생할 수가 없다. 그러나 개울은 아직 바다가 아니다(非一). 이 점을 놓치고 보니, 보살도 못 된 것이 부처 행세를 하고 다니는 꼴불견을 연출하게 되는 것이다.

거룩한 흐름에 들어간 자는 "내가 마침내 입류를 했다"고 말하지 않는다. 그런 생각조차 하지 않는다. 그에게 그런 생각이 있다면, 그것은 아직 그가 흐름에 들지 못했다는 증거일 뿐이다.

부처로 되는 길에 들어섰다는 말은 아상, 인상, 중생상, 수자상을 모두 여의었다는 말이다. '나'라고 하는 상을 이미 떠났는데 그 있지도 않은 '나'가 무슨 열매(果)를 맺었다는 말인가?

그러나 열매를 맺은 '나'는 없지만 열매는 있다.

　흐르는 물 속에서 물방울은 사라졌지만 그러나 없어진 것은 아니다. 그리고 물은 아직 흐르고 있다. 바다까지 가려면 오히려 길이 멀다. 그러나 그 길을 가는 것은, 거듭 말하거니와, 시간 문제다. '시간 문제'라는 말은 이미 모든 것이 끝났다는 뜻이다.

　거룩한 흐름에 들어갔다는 말은 더 이상 모양, 소리, 냄새, 맛, 느낌, 생각 따위에 사로잡히지 않는다는 뜻이다. 그도 물론 모양을 보고 소리를 듣는다. 그러나 거기에 집착하지 않기에 사로잡히는 일이 없다.

수보리여, 그대 생각은 어떠한가? 사다함이 생각하기를, 내가 사다함과를 얻었다고 할 수 있겠느냐? 수보리가 아뢰기를, 그렇지 않습니다, 세존이시여. 왜 그런가 하면 사다함을 일컬어 한 번 갔다가 온다고 합니다만 실은 가고 옴이 없는 것이요 이를 이름하여 사다함이라고 했기 때문입니다.

(須菩提여 於意云何오. 斯陀含이 能作是念하되 我得斯陀含果不아. 須菩提言하기를 不也니이다, 世尊이시여. 何以故오. 斯陀含을 名一往來나 而實無往來요 是名斯陀含이니이다.)

사다함斯陀含은 산스크리트어 사크르다가민sakrdagamin의 음역. 한문으로는 일래一來라 한다.

"일왕래一往來란 한 번 하늘에 갔다가 한 번 인간으로 돌아와서는 두 번 다시 사람으로 나지 않는 것이다."(陳雄)

"한 번 왕래하는 자는 다만 색신色身으로 한 번 하늘과 인간 세상을 오고 가는 것이지 그 진성眞性은 허공 세계에 가득 차 있다. 그러니 어찌 오고 감이 있겠는가? 그러므로 색신의 왕래는 진실眞實이 아니고 다만 그렇게 이름을 붙인 것일 뿐이다."
(王日休)

같은 얘기다. '수다원' 대신 '사다함'을 넣어 동일한 내용을 되풀이한다.

수보리여, 그대 생각은 어떠한가? 아나함이 생각하기를, 내가 아나함과를 얻었다고 할 수 있겠느냐? 수보리가 아뢰기를, 그렇지 않습니다, 세존이시여. 왜 그런가 하면 아나함을 일컬어 오지 않는다고 합니다만 실은 오지 않음이 없고 이를 이름하여 아나함이라고 했기 때문입니다.

(須菩提여 於意云何오. 阿那含이 能作是念하되 我得阿那含果不아. 須菩提言하기를 不也니이다, 世尊이시여. 何以故오. 阿那含을 名爲不來라 하나 而實無不來요 是故名阿那含이니이다.)

🛆

아나함阿那含은 산스크리트어 아나가민anagamin의 음역. 한문으로는 불래不來 또는 불환不還이라고 한다. 한 번 천상에 나고 다시 인간 세상에 오지 않는다 해서 그렇게 부른다.

"사람과 법이 모두 공空임을 깨닫고 점수정진漸修精進하여 생각 생각에 보리심이 불퇴不退하는 사람을 이름하여 돌아오지 않는 자(不來子)라고 한다. 이 사람은 능히 안으로 욕심을 품지 않고 밖으로 탐내는 물건을 두지 아니하여 이미 욕계欲界를 떠났으므로 다시 돌아와 태어나지 않는다. 그래서 불래不來라고 부른다. 마음이 비고 내가 없거늘(心空無我) 불래라고 말할 것이 무엇이랴? 그래서 실은 돌아오지 않음이 없다(無不來)고 한 것이다."(李文會)

수보리여, 그대 생각은 어떠한가? 아라한이 생각하기를, 내가 아라한도를 얻었다고 할 수 있겠느냐? 수보리가 아뢰기를, 그렇지 않습니다, 세존이시여. 왜 그런가 하면 실제로 아라한도라 이름 붙일 만한 법이 없기 때문입니다, 세존이시여. 만일 아라한이 생각하기를, 내가 아라한도를 얻었다고 한다면 그것은 나와 사람과 중생과 수명(壽)에 붙잡혀 있는 것입니다.

(須菩提여 於意云何오. 阿羅漢이 能作是念하되 我得阿羅漢道不아. 須菩提言하기를 不也니이다, 世尊이시여. 何以故오. 實無有法名阿羅漢이니이다, 世尊이시여. 若阿羅漢이 作是念하여 我得阿羅漢道면 卽爲着我人衆生壽者니이다.)

아라한阿羅漢은 산스크리트어 아라한arahan의 음역. 한문으로는 무쟁無諍 또는 응공應供으로 옮긴다.

"아라한은 중국말로 무쟁이다. 무쟁은 끊어야 할 번뇌가 없고 여읠 탐진貪瞋(욕심내고 성을 냄)이 없고 어기거나 좇을 정情이 없어서 마음과 경계가 함께 공空하고 안팎이 언제나 고요한 사람을 말한다."(六祖)

인천人天의 공양을 마땅히 받을 만한 사람이라고 해서 응공應供이라고 부르기도 한다.

여기까지 같은 내용이 네 번, 주인공 이름만 바뀌어 되풀이된다. 요컨대 깨달음을 얻은 자는 자기가 깨달음을 얻었다고 생각하거나 말하지 않는다는 얘기다.

"우리는 깨달음을 얻고자 명상하지 않는다. 깨달음이 이미 우리 안에 있기 때문이다. 어떤 곳을 찾아다닐 필요가 없다. 목적도 목표도 없다. 어떤 높은 경지에 오르고자 수행하는 것이 아니다. 무위無爲에서 우리는, 아무것도 부족하지 않다는 사실을, 이루고 싶은 것을 이미 이루었음을 본다. 그리하여 애쓰기를 멈추게 된다. 우리는 지금 이 순간, 창문을 통해 쏟아지는 햇살을 보거나 빗소리를 들으면서 평안하다. 무엇을 좇아서 달리지 않아도 된다. 우리는 매 순간을 즐길 수 있다. 사람들은 열반에 들어가는 것을 말하지만 우리는 이미 거기에 있다."(틱낫한, *The Heart of the Buddha's Teaching*)

옳은 말이다. 그러나 이는 깨달음을 얻은 자의 경지를 말한 것이다. 아라한만이, 나는 아라한의 도를 얻었다고 말하지 않을 자격을 가지고 있다는 얘기다.

아직 가지지 못한 자는 가져야겠다고 말하고, 이미 가진 자는 가지지 않았다고 말한다. 깨달음이란 없는 눈을 누군가로부터 얻어 가지는 것이 아니라 제 눈을 제가 뜨는 것이기 때문이다.
사람이 마침내 사람으로 되었다. 사람이 된 것인가 아닌가?

세존이시여, 부처님께서 말씀하시기를, 제가 무쟁삼매無諍三昧를 얻은 사람들 가운데 으뜸이요 욕심을 여읜 으뜸 아라한이라고 하셨습니다만, 저는 제가 욕심을 여읜 아라한이라고 생각하지 않습니다. 세존이시여, 제가 만약에 그렇게 생각하여 내가 아라한도를 얻었다고 한다면 세존께서는 수보리가 아란나행을 즐기고 있다고 말씀하시지 않으셨을 것입니다. 수보리가 다만 실제로 하는 바가 없기에 수보리는 아란나행을 즐기고 있다는 이름을 얻은 것입니다.

(世尊이시여, 佛께서 說하시기를 我得無諍三昧人中에 最爲第一이라 是第一離欲阿羅漢이라 하시나 世尊이시여, 我不作是念하여 我是離欲阿羅漢이라 하나이다. 世尊이시여, 我若作是念하여 我得阿羅漢道라 하면 世尊께서는 則不說須菩提가 是樂阿蘭那行者라 하셨으리이다. 以須菩提가 實無所行이기에 而名須菩提는 是樂阿蘭那行이니이다.)

🛕

"삼매三昧는 산스크리트어로 바르게 받아들임(正受)을 뜻한다. 《화엄경》에 말하기를 유쟁有諍은 생사를 설설하고 무쟁無諍이면 곧 열반이라고 했다. 육조六祖의 게偈에, 쟁諍은 승부심勝

負心이라 도道에 어긋나고 사상심四相心을 내게 하니 이로써 어찌 삼매를 얻겠느냐고 했다. 수보리가 진공무상眞空無相의 묘妙를 깨달아 6만 가지 삼매 가운데 으뜸인 무쟁삼매를 얻어 그 힘으로 물物의 표表를 멀리 벗어나 물의 부림을 받지 않으니 욕심을 여읜 으뜸 아라한이라는 말을 들어 마땅하다. 그런데도 세존께 말씀드리기를 자기가 그런 경지에 들었노라고 생각하지 않는다 하였으니 수보리에게 무엇을 얻었다는 마음이 없음을 알 수 있다. 아란나는 산스크리트어인데 무쟁처無諍處를 일컫는 말이다."(陳雄)

무쟁은 다툼이 없다는 뜻이다. 다툼은 여기 내가 있고 저기 네가 있어 생겨나는 것이다. 내 손이 네 손과 다툴 수는 있지만 내 손이 내 발과 다툴 수는 없다. 내 손과 내 발이 한 몸인 까닭이다. 천상천하에 '너'는 없고 오직 '나'만이 있는데 무엇이 무엇과 다툴 것인가?

조개 껍질 속에 맑은 구슬 숨어 있고
돌멩이 속에 푸른 옥이 들어 있다.
사향노루 있으면 저절로 향기로울 터
바람맞이에 서 있을 까닭이 무엇이랴.(川禪師)

10

 부처님께서 수보리에게 이르시기를, 그대 생각은 어떠한가? 여래가 옛날 연등 부처님 처소에 있을 때 무슨 법을 얻었다고 보는가? 아니옵니다, 세존이시여. 여래께서 연등 부처님 처소에 계실 때 실로 아무 법도 얻으신 바 없습니다.

 (佛이 告須菩提하기를, 於意云何오. 如來가 昔在然燈佛所일 때 於法에 有所得不아. 不也니이다, 世尊이시여. 如來께서 在然燈佛所일 때 於法에 實로 無所得이니이다.)

 ⚲

 "연등然燈은 석가에게 수기授記(뒤에 부처가 될 것을 예언함)를 준 스승이다. 석가여래는 스승으로 말미암아 이끌림을 받고 깨달음을 얻어 법왕法王이 되었다. 어찌 얻은 바 법이 없다고 하겠는가? 다만 얻었다는 마음이 없을 따름이다. 부처님께서 뭇 보살들이 얻었노라는 마음을 여의지 못할까 하여 이와 같이 물으신 것이다. 수보리가 부처님의 뜻을 깊이 헤아려, 얻은 바 없다고 대답했다."(陳雄)

"백락천白樂天이 관선사寬禪師에게 묻기를, 닦은 바도 없고 깨달은 바도 없다면 범부와 다를 게 무엇이겠습니까? 선사께서 대답하셨다. 범부는 어리석어서(無明) 이승二乘에 집착하거니와 이 두 가지 병(어리석음과 집착)을 여의면 그것을 이름하여 참된 닦음(眞修)이라 합니다. 참되게 닦는 사람은 애쓰지도 않고 게으르지도 않으니, 애쓰면 집착하기 쉽고 게으르면 어리석음에 떨어집니다. 마음을 어떻게 쓰느냐가 열쇠지요. 이는 초학입도初學入道의 법문法門입니다. 법을 얻은 바 없다는 말씀은 수보리가, 여래의 자성自性이 본디 맑고 깨끗하여(淸淨) 연등 부처님 처소에서 아무 얻은 법이 없다고 말한 것입니다."

"삶에 두 가지 차원이 있다. 우리는 그 두 가지 차원에서 함께 살 수 있어야 한다. 하나는 물결wave과 같다. 그것을 우리는 역사적 차원historical dimension이라고 부른다. 나머지 하나는 물water과 같다. 그것을 우리는 궁극적 차원ultimate dimension 또는 열반nirvana이라고 부른다. 우리는 흔히 물결을 경험한다. 그러나 물을 경험하는 법을 발견할 때 우리는 명상이 제공할 수 있는 최상의 열매를 얻게 된다.

역사적 차원에서, 우리는 태어나고 죽는다. 어머니가 세상을 떠나는 날 당신은 슬퍼한다. 누군가 당신 곁에 가까이 앉아 관심을 보여 주면 위안을 느낀다. 그의 우정과 부축을 받고 따뜻

한 손을 잡는다. 이것은 물결의 세계다. 물결의 세계에는 탄생과 죽음, 높음과 낮음, 존재와 비존재가 있다. 물결 하나에 시작이 있고 끝이 있다. 그러나 물의 세계에는 그런 것들이 없다. 거기에는 태어남도 죽음도, 존재도 비존재도, 시작도 끝도 없다. 물의 세계에 들어갈 때 우리는 사물을 그것의 궁극적 차원에서 보게 되고 태어남과 죽음, 시작과 끝, 존재와 비존재 따위 관념에서 벗어난다." (틱낫한, *Touching Peace*, 10장)

세존은 지금 틱낫한 스님이 말하는 역사적 차원과 궁극적 차원, 두 차원에 함께 있다. 그러므로 연등 부처님한테서 법을 얻은 바 있다고도 말해야 하고 얻은 바 없다고도 말해야 한다.

예수님이 가르친 하느님 나라도 장차 올 나라면서 지금 여기 있는 나라다. 물을 떠나서 물결이 있을 수 없고 물결이 없으면 물도 없다.

수보리여, 그대 생각은 어떠한가? 보살이 부처님 땅을 아름답게 꾸미는가? 아니옵니다, 세존이시여. 어째서 그런가 하면, 부처님 땅을 아름답게 꾸민다는 것은 곧 아름답게 꾸미는 것이 아니요 그것을 이름하여 아름답게 꾸민다고 한 것이기 때문입니다.

　(須菩提여, 於意云何오. 菩薩이 莊嚴佛土아. 不也니이다, 世尊이시여. 何以故오. 莊嚴佛土者는 卽非莊嚴이요 是名이 莊嚴이니이다.)

　"부처님 땅(佛土)을 장엄莊嚴한다"는 말은 아름답게 꾸민다는 말이다. 대개 장엄에는 세 가지가 있으니 첫째는 세간불토世間佛土를 장엄하는 것으로 절을 짓고 경經을 베끼고 보시공양布施供養을 베푸는 것이요, 둘째는 신불토身佛土를 장엄하는 것으로 모든 사람을 공경하는 것이요, 셋째는 심불토心佛土를 장엄하는 것으로 마음을 맑고 깨끗하게 하는 것이다.

　《유마경維摩經》에 이르기를, 마음을 깨끗하게 하면 그것이 곧 부처님 땅을 깨끗하게 하는 것이라, 마음이 깨끗하면 이미 부처님 땅이 깨끗한 것인데 어찌하여 거죽을 꾸미랴, 하였다.

칠보로 궁전을 꾸미고 오채五采(다섯 색깔)로 집을 단장하는 것은 모두 거죽을 장식하는 것으로서 범부의 이른바 장엄이요 보살의 장엄이 아니다."(陳雄)

물결이 일어 달빛이 무수한 조각으로 부서지더니 물결이 잦아들어 거울처럼 고요해지자 둥근 달이 옹글게 비친다. 과연 고요해진 물결이 달을 온전하게 만든 것인가? 아니다.

그러나 물결이 고요해지지 않고서야 어찌 둥근 달의 옹근 모양을 비쳐 보일 수 있으랴?

그러므로 수보리여, 모든 보살마하살은 마땅히 이와 같이 맑고 깨끗한 마음을 내어야 할 것이니, 모양에 머물러 마음을 내지 말고 소리 · 냄새 · 맛 · 감촉 · 법에 머물러 마음을 내지 말며 마땅히 아무데도 머물지 않고 마음을 낼 것이다.

(是故로 須菩提여, 諸菩薩摩訶薩은 應如是로 生淸淨心이니 不應住色生心하며 不應住聲香味觸法生心이요 應無所住而生其心이니라.)

🛆

육조六祖 스님이 한 번 듣고 깨달음을 얻으셨다는 유명한 구절("應無所住而生其心")이 들어 있는 대목이다.

아무데도 머물지 않고 마음을 낸다는 말은 아무것에도 사로잡히지 않고 마음을 낸다는 말이다.

"보살의 마음은 늘 비어 있고 고요하다. 그래서 헛된 생각이 일지 않는다. 나지도 죽지도 않고 움직이지도 움직여지지도 않으니 이것이 곧 맑고 깨끗한 마음이다. 범부의 마음은 어두워서 일어났다가 사라지고 헛된 생각이 끊이지 않는다. 선악을 취사取捨하고 범성凡聖을 가린다. 이것이 곧 흐리고 어지러운 마음이다. 모양에 머물지 않고 마음을 내는 그 마음이 맑고 깨끗하다면 경계로 말미암아 어지러워지지 않을 것이다."(李文會)

"사람 마음의 상태(心境)가 맑고 깨끗하면 그것이 곧 불국정토佛國淨土요 마음 상태가 흐리고 어지러우면 그것이 곧 마국예토魔國穢土다."(逍遙翁)

예수님 말씀에, 마음이 깨끗하면 하느님을 본다고 했다. 눈으로 보면서 그 모양에 잡히지 않고 귀로 들으면서 그 소리에 잡히지 않고 몸으로 느끼면서 그 느낌에 잡히지 않으면, 그는 하느님 나라에 살고 있는 것이다. 모양에 잡히지 않으려면 모양을 잡지 말아야 한다.

우리 눈이 보살이다. 눈은 보이는 사물의 상像을 망막에 비치는 순간 지워 버린다. 그 사이가 없다시피 하여 비치면서 비치지 않는다고 말해야 할 정도다. 그래서 우리는 눈으로 사물을 보는 것이다. 만일 우리 눈이 보면서 보지 않기(상을 망막에 비치면서 지워 버리기)를 하지 않는다면(한번 비친 상을 그대로 망막에 붙잡아 둔다면) 우리는 아무것도 볼 수 없을 것이다. 귀의 고막도 마찬가지다. 음파를 잡으면서 놓아 버린다. 그래서 소리를 듣는 것이다. 한번 잡은 음파를 그대로 고막에 붙잡아 둔다면 우리 귀는 아무 소리도 듣지 못할 것이다.

눈과 귀만 그럴까? 아니다. 머리끝에서 발끝까지 우리 '몸'

은 무엇 하나 붙잡아 두지 않는다. 끊임없이 채우고 끊임없이 비운다.

　내가 만일 내 몸처럼만 산다면 그곳이 바로 부처님의 깨끗한 땅일 터인데…… 못하구나, 사람이 사람 몸만 못하구나!

　수행인의 맑고 깨끗한 마음이 어떤 것인지를 설명하는 육조 스님의 가르침이 친절하고 소박하다.

　"모든 수행인은 마땅히 남의 옳고 그름을 말하지 말아야 한다. 스스로 말하기를 나는 할 수 있고 나는 안다고 하면서 아직 배우지 못한 사람을 마음으로 가벼이 여기면 이는 맑고 깨끗한 마음이 아니다. 자성自性에 언제나 지혜를 내고 평등한 사랑을 행하고 마음을 아래로 내려(下心) 일체 중생을 공경하면 이것이 곧 수행인의 맑고 깨끗한 마음이다. 만약 자기 마음을 스스로 깨끗하게 하지 않고, 맑고 깨끗한 자리를 애착하여 그 마음이 머무는 곳이 있으면 이것이 곧 법상法相에 붙잡히는 것이다. 모양을 보고 모양을 집착하여 모양에 머물러서 마음을 내면 그가 곧 헤매는 사람(迷人)이요 모양을 보고 모양을 떠나 모양에 머무르지 않고 마음을 내면 그가 곧 깨달은 사람(悟人)이니, 모양에 머물러 마음을 내는 것은 구름이 하늘을 가린 것과 같고, 모양에 머무르지 않고 마음을 내는 것은 하늘에 구름이 없어서 해와 달이 밝게 비추는 것과 같다. 모양에 머물러 마음을 내면 그것이 곧 망념妄念이요 모양에 머무르지 않고 마음을 내면 그것이 참된 지혜(眞智)니, 망념이 일어나면 어둡고 참지혜가 비추면 밝다. 밝으면 번뇌가 일지 않고 어두우면 육진六塵(마음을 어지럽히고 더럽히는 여섯 가지 境, 곧 色·聲·香·味·觸·法)이 다투어 일어난다."

수보리여, 비컨대 어떤 사람의 몸이 수미산만큼 하다면, 그대 생각은 어떠한가? 그 몸이 크지 않겠느냐? 수보리가 말하기를, 매우 크옵니다, 세존이시여. 어째서 그런가 하면 부처님께서는 몸 아닌 것을 이름하여 큰 몸이라고 하셨기 때문입니다.

(須菩提여, 譬如有人이 身如須彌山王이면 於意云何오. 是身이 爲大不아. 須菩提가 言하기를 甚大니이다, 世尊이 시여. 何以故오, 佛說非身을 是名大身이라 하셨기 때문이 니이다.)

🛕

수미산須彌山을 산왕山王이라고 부르는 까닭은 모든 산들 가운데 가장 크기 때문이다. 사주세계四洲世界의 중앙, 금륜金輪 위에 우뚝 솟아 있다. 둘레에 일곱 산, 여덟 바다가 있고, 그 밖에 철위산이 둘러 있어 물 속에 잠긴 부분이 8만 유순由旬(1유순은 약 4, 50리)이요 물 위에 드러난 부분이 8만 유순이다. 꼭대기에는 제석천帝釋天이, 중턱에는 사왕천四王天이 산다. 크기를 상상하면 어마어마하다. 그러나 태산이 높다 하되 하늘 아래 뫼이로다.…… 아무리 커도 '크다'고 말할 수 있는 것은 작은 것이다. '크다'는 말은 '작다'는 말을 내포하고 있기 때문이다. 무엇이 크다 또는 작다고 말하려면 그 무엇을 무엇 아닌 것에 견주어 볼 수 있어야 한다. 분리될 수 있는 것만을 크다 또는 작다고 말할 수 있다는 얘기다.

부처님이 말씀하시는 진짜 몸은 크기가 없다. 모든 것과 하나이기 때문이다. 분리되지 않는다. 그것을 무엇에 견주어 크다 또는 작다고 말할 것인가?

수미산 아니라 수미산의 할아버지 산이라 해도 그것이 산이라는 이름으로 불리는 한, 형상形相을 지닌다. 형상이 있는 것은 모두가 허망이다. 시작이 있는 것은 끝나게 되어 있다.

"모든 모양 있는 것이 허망이다. 그러므로 삼천대천세계가 또한 허망이다. 하물며 수미산 따위야 말할 것 있으랴? 오직 진성眞性만이 진실眞實이다. 이 경經은 진성제1의眞性第一義를 말하고 있다. 그러므로 일체가 모두 허망이다. 일체가 허망인 까닭은 그것들이 형상을 지니고 있기 때문이다. 일단 형상을 지니게 되면 무너지지 않을 수 없다. 아직 무너지지 않는 것은 업력業力이 그것을 붙들어 주고 있기 때문이지 본디 안 무너지게 되어 있는 것이 아니다. 업력이 다하면 무너진다. 오직 진성만이 형상을 지니지 않는 까닭에 무너지지 않는다."(王日休)

물결에는 큰 것도 있고 작은 것도 있다. 아무리 큰 물결도 결국은 무너지고 만다. 그러나 물에는 크고 작고 일어나고 사라짐이 없다. 물결을 외면한 채 물을 볼 수 없지만 물결에 머물러 있어도 또한 물을 볼 수 없다.

  이 아무개가 이 아무개를 무시하고 어찌 '사람'을 만나랴? 그러나 이 아무개가 이 아무개의 눈길을 점령·독점하면 이 아무개는 끝내 '사람'을 만나지 못할 것이다. 이 아무개가 끝내 '사람'을 보지 못한다면 백만 년을 산들 그 허망을 어찌할꼬?

11

 수보리여, 갠지스 강에 있는 모래알 수를 헤아려 그 모래알만큼 갠지스 강이 있다면, 그대 생각은 어떠한가? 그 모든 갠지스 강의 모래알이 많지 않겠는가? 수보리가 말하기를, 매우 많사옵니다. 세존이시여. 그 모든 갠지스 강들만 해도 헤아릴 수 없이 많거늘 하물며 모래알이겠습니까?

 (須菩提여, 如恒河中所有沙數하여 如是沙等恒河면 於意云何오. 是諸恒河沙가 寧爲多不아. 須菩提가 言하기를, 甚多니이다, 世尊이시여. 但諸恒河도 尙多無數어늘 何況其沙리이까.)

 갠지스 강에 모래알이 있는데 그 모래알 수만큼 갠지스 강이 있다. 그 많은 갠지스 강의 모래알들을 헤아린다. 얼마나 많겠는가? 많고 많고 많다. 그러나 많은 것은 적은 것!

 1, 2, 3, 4…… 숫자가 아무리 많아도 0보다 많을 수는 없다. 0보다 적을 수 없기 때문이다.

수보리여, 내 이제 참된 말로 그대에게 말한다. 착한 남자와 착한 여자가 있어 온갖 보물로 갠지스 강 모든 모래알만큼 많은 삼천대천세계를 채우고 그것으로 보시를 한다면 그래서 얻는 복이 많지 않겠느냐? 수보리가 말하기를, 매우 많사옵니다, 세존이시여. 부처님이 수보리에게 이르시되, 착한 남자와 착한 여자가 이 경經 가운데서 사구게四句偈만이라도 받아 지니고 그것을 남에게 설한다면 그래서 얻는 복덕이 앞의 복덕을 이긴다.

(須菩提여, 我今實言으로 告汝하노라. 若有善男子善女人이 以七寶로 滿爾所恒河沙數三千大千世界하여 以用布施면 得福이 多不아. 須菩提가 言하기를, 甚多니이다, 世尊이시여. 佛이 告須菩提하시되 若善男子善女人이 於此經中에 乃至受持四句偈等하여 爲他人說하면 而此福德이 勝前福德이니라.)

요컨대 있는 듯하나 없는 것(七寶)과 없는 듯하나 있는 것(다르마, 法)은 서로 견주어 말할 바가 아니라는 얘기겠다.

없으면서도 있는 것처럼 보이는 것은 때가 되면 사라지지만 없는 듯이 있는 것은 영원하다. 그래서 예수님도 "하늘과 땅은 사라져도 하느님의 법은 없어지지 않는다"(《루가》 16: 17)고 말씀하셨다.

"부처님께서는 일찍이 재시財施는 다함이 있고 법시法施는 다함이 없다고 말씀하셨다. 재물 보시는 욕계欲界를 벗어나지 못하고 법 보시는 능히 삼계三界를 벗어난다. 이 법 보시로 얻는 복이 저 많고 많은 재물 보시로 얻는 복을 이김은 하나도 수상쩍은 일이 아니다."(王日休)

"칠보가 비록 많다 하지만 인간의 유한한 물物 보시에 불과하다. 그것으로써는 인간의 유한한 복을 얻을 따름이다. 이에 견주어 경의 게偈 한 구절을 깨달은 사람은 하늘에 태어나니 그 거리가 어찌 까마득하게 멀지 않겠는가? 《삼매경三昧經》에 이르기를, 또한 사람이 성城 안에 가득한 금은으로 보시를 한다 해도 이 경의 사구게四句偈(네 구절로 된 짧은 노래) 하나를 받아 지니는 것만 못하다고 하였다. 오늘 착한 사람들이 경의 한 구절을 받아 지니고 스스로 견성見性하며 나아가 그것을 남에게 해설하여 저로 하여금 견성토록 가르치면 둘 다 하늘에 태어나 위없는 도道를 이루리니, 칠보로 보시하여 얻게 되는 복은 이에 견주어 말할 것이 못 된다. 《화엄경》에 이르기를, 캄캄한 어둠 속에 있는 보물은 등燈이 없으면 볼 수 없듯이 부처님의 법을 사람들에게 설하지 않으면 지혜가 있어도 깨닫지 못한다고 했다. 그러니 경을 설해 주는 공보다 더 큰 공이 무엇이겠는가?"
(陣雄)

바다에 들어가 모래알을 세는 것은
쓸데없는 힘의 낭비다.
구구하게 티끌만 뒤집어쓸 따름.
집 안에 있는 보물을 꺼내어
늙은 나무에 꽃을 피우고
봄날을 즐기는 것만 하겠느냐?(冶父)

12

 또한 수보리여, 중생을 좇아 이 경을 설하되 다만 사구게를 설해도, 마땅히 알아라, 그곳에 모든 세간의 천신들, 인간들, 아수라들이 함께 공양하기를 부처님 탑묘에 하듯이 할 터인데 하물며 어떤 사람이 능히 경을 다 받아 모시고 독송한다면 어떠하겠느냐? 수보리여, 마땅히 알아라, 그 사람은 가장 높고 으뜸가는 법을 성취했으니 만약 이 경전이 있는 곳이면 곧 부처님이 계신 곳이요 존중할 제자들이 있는 곳이다.

 (復次須菩提여, 隨說是經하되 乃至四句偈等하여도 當知로다, 此處에 一切世間天人阿修羅가 皆應供養如佛塔廟거늘 河況有人이 盡能受持讀誦이리오. 須菩提여 當知로다, 是人은 成就最上第一希有之法이니 若是經典所在之處면 卽爲有佛이요 若尊重弟子니라.)

 불佛·법法·승僧은 셋이면서 하나다. 부처님의 가르침이 곧 부처님이요 승가僧伽다. 누가 맑고 깨끗한 마음으로 경을 설하면 그 자리에 부처님이 계신 것이니 어찌 천신과 인간과 아수라阿修羅(싸우기 좋아하는 귀신)가 모두 받들어 공양하지 않겠는가?

능히 경을 받아 모신다 함은 그대로 좇아서 산다는 뜻이다. 경은 책이지만 책이 아니다. 길이다. 아무리 읽어도 그대로 행하지 않는다면 그 사람은 경을 모신 사람이 아니다.

그러기에 경이 있는 곳, 그러니까 경을 좇아서 살아가는 사람이 있는 곳에는 부처님과 그의 존경받을 만한 제자들이 함께 있는 것이다.

"있는 자리에서 사람을 만나 이 경을 설하되 언제나 무엇을 얻겠다는 마음이 없이 하면 곧 그 사람 몸 속에 여래의 전신사리全身舍利가 있으니 그래서 부처님 탑묘와 같다고 말했다. 맑고 깨끗한 마음으로 이 경을 설하여 듣는 자들로 하여금 헛되이 헤매는 마음을 버리고 깨달아 본디 불성佛性을 얻어서 언제나 진실하게 하면, 천신과 사람과 아수라가 모두 감복하여 그를 공양할 것이다. 자기 마음(自心)으로 이 경을 송득誦得하고 자기 마음으로 경의 뜻을 해득하고 자기 마음으로 집착하지 않고 모양을 지니지 않는 이치(無着無相之理)를 체득한다. 있는 자리에서 언제나 부처님의 행行을 닦으니 곧 '자기 마음이 부처다(自心是佛)'. 그래서 그 있는 자리에 부처님이 계시다고 말한 것이

다."(六祖)

"경이란 곧 법보法寶다. 경 있는 곳에 부처님이 계시니 곧 불보佛寶다. 부처님 계신 곳에 존경할 만한 제자들이 있으니 곧 승보僧寶다. 경전 있는 곳에 이렇게 삼보三寶가 함께 있다. 제자란, 스승 뒷자리에 거하여 배운다 해서 제(弟, 아우)요 스승을 좇아 깨달음이 난다 해서 자(子, 자식)다. 또는 부형을 모시는 예로써 스승을 섬긴다 해서 제자라고 한다."(僧 若訥)

"성취했다는 말은 견성見性하여 가장 높고 으뜸가는 법에 통달했다는 말이다. 부처와 중생이 본디 다를 바 없어서 누구든지 그 마음이 맑고 깨끗하여 나지 않고 죽지 않으며 헛된 생각이 일지 않으면 곧 선 자리에서 성불한다."(李文會)

"마음이 곧 부처라, 달리 부처가 없다. 부처 곧 마음이라, 달리 마음이 없다. 주먹으로 손바닥을 만들고 물이 물결을 이룸과 같으니, 물결이 곧 물이요 손바닥이 곧 주먹이다."(杲禪師)

무업선사無業禪師가 마조馬祖 스님께 여쭈었다. 어째서 마음이 곧 부처(卽心是佛)라고 하십니까? 스님이 대답하시기를, 그대가 그 마음을 미처 깨닫지 못한 것일 뿐, 다른 물건이 있는 게 아니다. 어두워서 중생이요(迷卽衆生) 깨달으면 곧 부처(悟卽是佛)니, 주먹으로 손바닥을 만들고 손바닥으로 주먹을 만드는 것과 같다. 선사가 한마디 듣고 문득 깨달았다.

한 스님이 마조에게 물었다. 무엇이 부처입니까? 대답하기를, 마음이 곧 부처다.

백장白丈이 장경長慶에게 물었다. 무엇이 부처입니까? 대답하기를, 소를 타고 소를 찾는구나(騎牛討牛).

한 스님이 수산화상首山和尙에게 물었다. 무엇이 부처입니까? 산山이 대답하기를, 신부가 나귀를 탔는데 시어미가 고삐를 끌고 있다.

한 스님이 대양大陽에게 물었다. 무엇이 부처입니까? 대답하기를, 어째서 부처가 아니냐?(如何不是佛)

한 스님이 귀종歸宗에게 물었다. 무엇이 부처입니까? 대답하기를, 내가 그대에게 말을 한다면 그대는 내 말을 믿겠는가? 스님이 말했다. 화상께서 성실히 말씀하시는데 제가 어찌 감히 믿지 않겠습니까? 이르기를, 지금 그대가 곧 부처다(只汝便是).

하느님을 그리워하는 나의 마음은
실로 하느님이 내게 주신 선물이요
하느님께 바쳐진 나의 생애는
실로 하느님께 드리는 나의 선물입니다.(Sri Chinmoy)

13

 그때에 수보리가 부처님께 여쭙기를, 세존이시여. 이 경의 이름을 무엇이라 불러야 하며 저희들이 어떻게 받들어 모셔야 하겠습니까? 부처님께서 수보리에게 이르시기를, 이 경은 이름하여 금강반야바라밀이니 너희는 마땅히 이 이름으로 받들어 모셔야 한다. 그 까닭이 무엇인가? 수보리여. 부처가 말한 반야바라밀이 반야바라밀이 아니고 그 이름이 반야바라밀이기 때문이다.

 (爾時에 須菩提가 白佛言하기를, 世尊이시여 當何名此經이며 我等이 云何奉持리이까. 佛이 告須菩提하시기를 是經은 名爲金剛般若波羅蜜이니 以是名字로 汝當奉持니라. 所以者何오. 須菩提여. 佛設般若波羅蜜이 卽非般若波羅蜜이요 是名般若波羅蜜이니라.)

🕭

 이제껏 수보리는 마음을 다스리는 일(방법)에 대하여 부처님께 배울 만큼 배웠다.

"수보리는 이 가르침을 듣기 전에는 그 마음이 편하지 못했던 까닭에, 맨 먼저 마음 다스리는 법을 물었다. 그가 알고 그가 보는 것은 눈에 보이는 바깥 대상뿐이어서 중생과 부처가 둘로 크게 나뉘고 오염과 청정이 둘로 대립하고 집착과 집착하지 않음이 서로 차이가 났다. 따라서 그 마음이 편안하지 않아 다스리기 어려워 다만 갖가지 의아심으로 들끓었던 것이다.

"먼저 중생 제도의 어려움을 의문으로 제기하자 부처님은 중생이 원래 공空하다고 말씀했다. 또 부처의 과보를 구하기 어렵다고 의심을 일으키자 부처님은 과보도 구하려 하지 말라고 가르쳐 주셨다. 또한 보시를 널리 행하기 어렵다고 말하자 보시하는 사람, 보시받는 사람, 보시되는 물건 세 가지가 모두 공적空寂하다고 일러 주셨다. 이어서 불국토 장엄의 어려움을 제기하자 마음의 청정이 곧 장엄이라고 말씀했다.…… 이렇게 일으키는 의심마다 부처님이 낱낱이 해소시키자 수보리는 기량이 다하여 온갖 의심이 얼음 녹듯 소진되었고 부처님의 마음은 명명백백하게 드러나 어느 하나라도 감춰진 게 없었다. 그래서 부처님 말씀을 들은 수보리의 마음은 편안해졌고 저절로 다스려지게 되었던 것이다." (감산 지음, 《금강경풀이》, 오진탁 옮김)

수보리의 질문에 대한 부처님의 답은 대답이면서 길(徑)이다. 그것이 인간의 말(글)로 이루어진 길이기에 경經(책)이라고 부른다. 길은 그리로 가지 않으면 길이 아니다. 부처님의 가르침은 그 가르침을 따라서 살아가는 중생으로 말미암아 마침내 경經 곧 길(徑)이 된다. 아무리 위대한 성인의 심오한 가르침이라 해도 그대로 따라서 살아가는 '우리들(我等)'이 없으면 아무것도 아닌 것이다.

수보리가 경의 이름을 물은 것은 그것을 어떻게 모셔야 하는지 알고자 해서였으리라. 무엇이 있으면 그것의 이름도 있는 게 마땅한 일이겠지만, 그러나 무엇의 이름이 곧 무엇은 아니라는 사실을 알아야 한다.

사람이 경經을 잘 받들어 모시는 길은, 책을 가슴에 안고 소중히 여기는 데 있지 않고 거기 적혀 있는 대로 살아가는 데 있다. 거기 적혀 있는 대로 살려면 먼저 거기 적혀 있는 내용을 틀림없는 것으로 믿어야 한다.

부처님이 수보리에게 경의 이름을 밝혀 주신 것은 수보리로 하여금 당신의 가르침을 믿게 하기 위해서였다.

반야바라밀般若波羅蜜은 앞에서 말한 바 있거니와 산스크리트어를 음역한 것이다. 뜻은 건너편 언덕에 이르게 하는 지혜다. 앞에 금강金剛을 붙인 것은 다이아몬드처럼 단단해서 모든 망념을 부수고 곧장 불보살佛菩薩의 언덕에 이르게 하는 지혜라는 뜻이다.

"이는 지혜도피안智慧到彼岸을 설한 것이다. 진성眞性 가운데 어찌 무엇이 따로 있겠는가? 그래서 말하기를 이는 지혜도피안이 아니라고 했다. 실實은 없고 단지 그렇게 이름 지어 부른 것뿐이다. 그렇게 해야 중생의 귀에 닿을 수 있기 때문이다."(王日休)

실체는 이름 지어 부를 수 없는 것이다. 그런데도 억지로 이름을 지어 부르는 까닭은 그렇게 해야 시·공의 제약 아래 살아가는 중생과 연결되기 때문이다. 도道를 말하지 않을 수 없어서 말하고는 곧이어 말해진 도는 도가 아니라고 말한다. 이것이 반야바라밀이라고 말하고는 곧이어 말해진 반야바라밀은 반야바라밀이 아니라고 한다.

길을 떠나서는 길을 갈 수 없다. 그러나 길에 붙잡혀 있어도 길을 갈 수 없다. 경을 읽지 않고서는 가르침대로 살 수 없다. 그러나 경에 사로잡혀 있어도 가르침대로 살 수 없다.

예수님께서도, 나를 보고 주여 주여 하는 자는 천국에 들어가지 못하고, 다만 내가 가르친 대로 하느님의 말씀에 순종하는 자라야 들어간다고 하셨다.

거듭 말하거니와, 길을 따라서 걷지 않으면 길이 아니다.

수보리여, 그대 생각은 어떠한가? 여래가 법을 설한 바 있는가? 수보리가 부처님께 아뢰기를, 세존이시여. 여래께서는 설한 바가 없으십니다.

(須菩提여, 於意云何오. 如來가 有所說法不아. 須菩提가 白佛言하기를 世尊이시여. 如來가 無所說이니이다.)

🔔

손가락이 달을 가리키듯, 말은 뜻을 가리킨다. 손가락을 보면 달을 보지 못하듯, 말에 사로잡히면 뜻을 놓친다.

사람들이 당신의 말에 붙잡혀 깨달음에 이르지 못할까 하여, 시방 부처님은 시치미를 떼신다. 나는 한마디도 말한 바 없다고.

"세존께서 열반에 드시고자 할 무렵 문수文殊가 청하기를, 다시 한 번 법륜法輪을 굴려 달라고(다시 설법해 달라고) 하였다. 이에 세존께서 이르시기를, 내가 49년 세상에 머무는 동안 일찍이 한마디도 설하지 않았는데(吾住世四十九年, 未嘗說着一字) 그대가 다시 법륜 굴리기를 청하니 이는 내가 그 동안 법륜을 굴렸다는 말인가 하셨다. 다시 부처님께서 게偈로 이르시기를, 처음 도道를 이룬 뒤 오늘 이곳 발제하跋提河에 이르도록 그 중간에 한마디도 설하지 않았노라(始從成道後, 終至跋提河, 於是二中

間, 未嘗說一字) 하셨다."(顔丙)

그러면 과연 부처님은 한마디도 법을 설하지 않으셨는가? 아니다. 그분은 헤아릴 수 없이 많은 말씀으로 중생을 가르치셨다. "49년 동안 한마디도 법을 설하지 않았다"는 이 말씀 또한 기막힌 설법 아닌가?

그러나 그분은 말씀하신다. 내 말에 붙잡히지 말라고. 이 말은, 내 말을 붙잡지 말라는 말과 같은 말이다. 붙잡으면 붙잡힌다. 잡지 않으면 잡히지 않는다.

말을 듣되 말에 사로잡히지 않는 것을 다르게 표현하면, 말에도 빠지지 않고 침묵에도 빠지지 않는다(語默雙亡)고 한다.

"말에도 침묵에도 빠지지 않으면 곧 자성自性의 청정淸淨함을 본다. 그렇게 되면 비록 종일 말을 해도 아무 말 하지 않은 것 같고 종일 설해도 설하지 않은 것 같다."(慈受禪師)

"본디 마음이 본디 맑고 모든 법이 본디 공이다. 다시금 무슨 법을 설할 수 있으랴? 두 수레를 탄 사람들(二乘之人)이 사람과 법이 따로 있다는 생각에 집착하여 법을 설한다고 하는 것이다. 보살은 사람과 법이 모두 공임을 깨달았으므로 설하는 바가 없다. 그래서 경에 이르기를, 만약 어떤 사람이 여래께서 설한 바가 있다고 말한다면 그것은 곧 부처님을 헐뜯는 것(謗佛)이라고 했다."(李文會)

수보리여, 그대 생각은 어떠한가? 삼천대천세계에 있는 티끌이 많지 않겠느냐? 수보리가 말씀드리기를, 매우 많습니다, 세존이시여. 수보리여, 여래는 모든 티끌이 티끌이 아니요 그 이름이 티끌이라고 설하였고, 여래는 세계가 세계가 아니요 그 이름이 세계라고 설하였다.

(須菩提여 於意云何오. 三千大千世界所有微塵이 是爲多不아. 須菩提가 言하기를, 甚多니이다, 世尊이시여. 須菩提여 諸微塵을 如來는 說非微塵이요 是名微塵이며 如來는 說世界非世界요 是名世界니라.)

🛕

삼천대천세계에 있는 모든 것이 티끌이다. 태산도 티끌이요 장강長江도 티끌이다. 뉴욕 거리의 마천루도 티끌이요 아스완 댐도 티끌에 지나지 않는다.

그러나 그것들은 티끌이 아니다. 모양도 냄새도 없는 '마음'의 표현일 따름이다. 그것을 이루는 마음, 그것을 보는 마음이 없으면 삼천대천세계도 없다. 티끌이라는 이름이 있을 뿐, 세계라는 이름이 있을 뿐, 티끌도 세계도 실은 티끌이 아니요 세계가 아닌 것이다.

그러나 그것이 있다고 보는 사람한테는 물론 있다. 그래서 그것들이 힘을 부리기도 하고 사람을 죽이기도 한다.

깨끗한 마음에는 세계가 깨끗하고 어지러운 마음에는 세계가 어지러운 법.

"《화엄경》에 이르기를, 삼천대천세계가 헤아릴 수 없는 인연으로 말미암아 일체 중생을 이룬 것이라 하였으니, 그 밖에 따로 무슨 세계가 있으랴? 깨달은 이도 여기에 살고 깨닫지 못한 자 또한 여기에 사는데, 깨달은 이의 마음은 맑고 깨끗한 마음이라 그 마음으로 이 세계를 살아가니 또한 맑고 깨끗한 세계요, 깨닫지 못한 자의 마음은 티끌로 때가 묻은 마음이라 그 마음으로 이 세계를 살아가니 또한 티끌 세계다. 세존께서 문수文殊에게 대답하시기를, 세상에 있으면서 세상을 떠나고 티끌에 있으면서 티끌을 떠나는 것(在世離世, 在塵離塵)이 곧 마지막 법(究竟法)이라 하셨으니 이는 티끌이 아니고 세계가 아님이 곧 세계를 떠나고 티끌을 떠나는 것임을 말씀하신 것이다."(陣雄)

"세계와 티끌, 이 둘이 모두 진실이 아니다. 경에 이르기를, 모든 산과 벼랑이 반드시 무너져 내리게 되어 있고 모든 강과 냇물이 반드시 마르게 되어 있으나, 오직 법신法身만은 항상 있어서 없어지지 않는다고 했다."(顔丙)

머리는 하늘을 가리키고
다리는 땅을 밟는다.
주리면 먹고
곤하면 잠잔다.
이 땅이 서녘 하늘이요
서녘 하늘이 이 땅이다.
이르는 곳마다, 설날이 바로 오늘이요
동서남북이 다만 여기렷다.(川禪師)

수보리여, 그대 생각은 어떠한가? 서른 두 가지 모습으로써 여래를 볼 수 있겠느냐? 볼 수 없습니다, 세존이시여. 서른 두 가지 모습으로써 여래를 뵐 수 없으니 어째서 그런가 하면 여래께서 서른 두 가지 모습을 그것들이 모습이 아니요 그 이름이 서른 두 가지 모습이라고 말씀하셨기 때문입니다.

(須菩提여 於意云何오. 可以三十二相으로 見如來不아. 不也니이다, 世尊이시여. 不可以三十二相으로 得見如來니 何以故오. 如來가 說三十二相이 卽是非相이요 是名三十二相이니이다.)

🕭

서른 두 가지 모습(三十二相)이란 석가모니 부처님의 육신이 두루 갖추고 있는 서른 두 가지 형상(예컨대 발바닥에 平滿相이 있다는 등)을 말한다. 그러나 그것은 여래께서 닦은 서른 두 가지 수행이 그런 모습으로 나타난 것이다. 중요한 것은 서른 두 가지 수행이지 그 결과로 나타난 육신의 모습이 아니다.

아시시의 프란체스코 성인에게도 다섯 상흔(두 손, 두 발, 옆구리)이 생겼는데 중요한 것은 그의 몸에 난 상처가 아니라 몸에 상흔이 생길 만큼 오로지 예수님을 닮고자 애쓴 그의 삶이다.

서른 두 가지 모습을 가지고는 여래를 볼 수 없지만 서른 두 가지 수행을 닦으면 누구나 여래를 볼 수 있다.

"서른 두 가지 모습이란 곧 서른 두 가지 청정행淸淨行이니 다섯 뿌리(五根—눈·귀·입·코·살갗) 가운데 여섯 바라밀(六波羅蜜—생사의 고해를 건너 열반의 언덕에 이르는 여섯 가지 방편, 布施·持戒·忍辱·精進·禪定·智慧)을 닦고 생각의 뿌리(意根) 가운데 모양 없음(無相)과 함 없음(無爲)을 닦으면(5×6+2=32) 이를 이름하여 서른 두 가지 청정행이라 한다. 항상 이 서른 두 가지 청정행을 닦으면 곧 성불하지만 서른 두 가지 청정행을 닦지 않으면 끝내 성불하지 못하고, 다만 여래의 서른 두 가지 모습에 애착하여 스스로 서른 두 가지 수행을 하지 않으면 끝내 여래를 보지 못한다."(六祖)

그렇다고 해서 (서른 두 가지) 모습을 무시할 것인가? 아니다. 상相을 떠나서도 여래를 볼 수 없다 하였으니, 우리는 다만 상을 통하여 상 아닌 것(非相)을 볼 일이다.

수보리여, 착한 남자와 착한 여자가 갠지스 강 모래알만큼 많은 목숨으로 널리 베풀어도 다시 어떤 사람이 있어 이 경 가운데 사구게만이라도 받아 지녔다가 남을 위하여 설해 준다면 그 복이 매우 많다.

(須菩提여 若有善男子善女人이 以恒河沙等身命으로 布施라도 若復有人하여 於此經中에 乃至受持四句偈等하여 爲他人說이면 其福이 甚多니라.)

"사람이 자기 목숨을 내놓아 보시를 하여도 위로 보리菩提를 구하지 않으면 이는 상相에 머물러 보시를 하는 것이다."(李文會)

"밖으로 드러나 보이는 모습(外相)에서 그것을 구한다면 만겁萬劫을 두고 경을 읽어도 끝내 얻지 못하리라."(《禪要經》)

목숨은 보이고 사랑은 보이지 않는다. 그래서 바울로 성인은 말한다. "내가 비록 모든 재산을 남에게 나누어 준다 하더라도 또 내가 남을 위하여 불 속에 뛰어든다 하더라도 사랑이 없으면 모두 아무 소용이 없습니다."(〈I 고린토〉 13: 3)

"세간에서는 목숨보다 더 무겁게 여기는 것이 없다. 보살이 법을 위하여 헤아릴 수 없이 많은 세월 동안 자기 목숨을 버리고 베풀어 모든 중생에게 나누어 준다면 그 복이 비록 많으나 이 경의 사구게를 받아 지니는 복만큼은 많지 못하다. 오랜 세월 몸을 내어 주어도 공空의 뜻을 깨닫지 못하면 망령된 마음(妄心)을 없애지 못하니 그가 곧 중생이요 한 마음으로 경을 지녀 나와 남이 한꺼번에 없어지면 망령된 생각(妄想)이 이미 없어졌으니, 말이 떨어진 바로 그 자리에서 부처를 이룬다(言下成佛). 그러므로 알아라. 오랜 세월 몸을 내어 주는 것이 경의 사구게를 몸에 지니는 복만 못하다는 사실을."(六祖)

신명身命은 보이지만 사구게四句偈는 보이지 않는다. 보이는 것과 보이지 않는 것의 관계는 자식과 어미의 관계다. 나란히 비교할 수가 없다.

14

그때에 수보리가 이 경 설하심을 듣고는 뜻을 깊이 깨달아 눈물을 흘리고 슬피 울면서 부처님께 여쭙기를, 드문 일입니다, 세존이시여. 부처님께서 이처럼 매우 깊은 경전을 설해 주시오니 제가 일찍이 얻은 바 혜안慧眼으로는 그와 같은 경을 들어 보지 못했습니다.

(爾時에 須菩提가 聞說是經하고 深解義趣하여 涕淚悲泣하며 而白佛言하기를 希有로다, 世尊이시여. 佛說如是甚深經典하시오니 我從昔來所得慧眼으로는 未曾得聞如是之經이로소이다.)

🕭

경의 세계는 무한히 넓다. 그런데 그 '넓이'에 미치는 길은 옆으로(橫)가 아니라 아래·위로(從)에 있다. 물결처럼 옆으로 밀려서 가장자리 끝까지 나아가는 게 아니라 깊이 들어가거나 높이 올라감으로써 '넓이'의 끝에 이르는 것이다.

성경을 읽든 불경을 읽든, 많이 읽는 것보다 깊이 읽는 것을 주로 삼아야 할 이유가 여기 있다.

　진리를 깨달아 가는 길은 깊을수록 넓어진다. 신앙의 연륜이 오래되었다고 하는데 그만큼 '남'을 받아들이는 품이 넓지 못하다면, 열심히 굴을 파기는 했으나 중심을 향해 파지 않고 지평地平을 따라서 팠기 때문이다. 그런 굴은 두더지 굴이지 진리를 캐는 굴이 아니다. 진리는 언제나 중심에 있다. 중심을 향하는 길은 깊이 들어가는 길이다. 다른 길이 없다.

　깊이 들어갈수록 '남'을 받아들이는 품이 넓어진다는 얘기는 그만큼 '나'가 무너지면서 '남'이 사라진다는 뜻이다. 나와 너 사이의 장벽이 무너지는 게 아니라 처음부터 그런 것이 없었음을 깨달아 알게 되는 것이다.

　수보리가 드디어 부처님의 법문을 듣고는, 그 뜻을 깊이 깨닫는다(深解義趣). 그 결과 슬픈 눈물이 흐른다. 그의 머리(知)가 아니라 가슴(感)이 법에 공명共鳴하기 시작했다는 뜻이다.

　"제가 일찍이 얻은 바 혜안으로는 그와 같은 경을 들어 보지 못했습니다." 이 고백은, 부처님이 다른 종류의 경을 들려주셨다는 뜻이라기보다, 수보리 자신에게 변화가 일어났음을 고백한 것으로 보아야 할 것이다. 진공무상眞空無相의 법이야 어디 간들 달라지겠는가? 다만 그것을 깨닫는 사람의 눈과 귀에 변화가 있을 따름이다.

세존이시여, 어떤 사람이 이 경을 듣고 그 믿는 마음이 맑고 깨끗하면 곧 참된 상(相)을 내리니 그 사람이 가장 드문 공덕을 이룬 것은 마땅히 알겠습니다만, 세존이시여, 그 참된 상이라는 것이 곧 상이 아닌 까닭에 여래께서는 이름(名)인 참된 상을 설하셨습니다.

(世尊이시여 若復有人이 得聞是經하여 信心淸淨이면 卽生實相하리니 當知是人이 成就第一希有功德이오나 世尊이시여 是實相者는 卽是非相이니 是故로 如來가 說名實相이니이다.)

믿는 마음(信心)이 깨끗하고 맑다! 아무 꿍꿍이속 없이, 무슨 티끌 같은 욕심도 없이, 기대하는 마음도 없이 그냥 믿는다.

믿는다는 말은 상대에게 나를 온전히 내어 맡긴다는 말이다. 그의 말을 곧이듣고 그대로 응(應)하는 것이다. 나를 상대에게 흡수 통일시켰기 때문에 더 이상 이전의 '나'는 없다.

경을 믿어서 마음이 깨끗해진 사람은 그의 삶이 곧 경의 실현이다. 바울로의 고백대로, "이제는 내가 사는 것이 아니라 그리스도가 내 안에서 사시는"(〈갈〉 2: 20) 것이다. 그렇게 되면 그의 모습이 곧 참된 (사람의) 모습(實相)이다.

그러나 그 참모습을 어디에 별개로 존재하는 한 모습으로 여긴다면 안 된다. 그런 것은 없기 때문이다. 참모습은 모습이 아니다(非相). 물결에는 모양이 있고 크기도 있지만 물에는 그런 것이 없다. '이 아무개' 한테는 무게도 있고 키도 있고 색깔도 있지만(있는 것처럼 보이지만) '사람' 한테는 그런 것이 없다.

물결이 물이듯이 이 아무개는 사람이다. 이 아무개가 '사람' 한테 자신을 흡수 통일시켜 더 이상 이 아무개로 행세하지 않고 사람으로 행세한다면, 그에게서 참사람의 모습이 드러나겠지만, 그렇게 드러나 보이는 참사람의 모습도 실은 고정된 실체가 아니라 그 이름에 지나지 않는다. 왜냐하면 '사람'이라는 물건도 어디 따로 존재하는 물건이 아니기 때문이다.

"부처님께서 실상實相은 상이 없다고 말씀하신 것은 실상이라는 것이 곧 상 아님을 이르신 것이다. 그것은 마치 큰 허공 같아서 한 가지 형상도 지니지 않는다. 참으로 실상을 깨달았다면 실상에 집착할 수 없는 것이다. '저 건너 언덕 또한 여의고자 한다'는 부대사傅大士 말씀대로, 다만 실상實相이라고 짐짓 이름 지어 부르는 것일 뿐 그것을 얻어서 손에 넣을 수 있는 것은 아니다."(顔丙)

천당 가려고, 사람 되려고, 깨끗해지려고…… 예수 믿고 하느님 믿고 성경 믿고 부처님 믿는 것은 아직 멀었다. 그런 마음(……하려는, 되려는)이 모두 없어져야 비로소 믿는 마음(信心)이기 때문이다. 맑고 깨끗하지 않은 마음은 믿는 마음이 아니다.

  사람인 이 아무개가 사람으로 살아가는 데 거기 무슨 목적이, 의도가 따로 섞일 일인가?

세존이시여, 제가 지금 이와 같은 경전을 듣고서 믿고 알고 받아들이고 지니기는 그리 어려운 일이 아닙니다만, 훗날 오백 세歲 뒤에 어느 중생이 있어 이 경을 듣고서 믿고 알고 받아들이고 지닌다면 그 사람이야말로 가장 드문 사람이겠습니다.

(世尊이시여 我今得聞如是經典하여 信解受持는 不足爲難이오나 若當來世後五百歲에 其有衆生이 得聞是經하여 信解受持면 是人卽爲第一希有리이다.)

🛕

경전을 대하는 바람직한 자세는, 듣고 믿고 알고 받아들이고 몸에 지니는 것이다. 들음에서 믿음으로, 믿음에서 앎으로, 앎에서 하나됨으로, 하나됨에서 삶으로, 이와 같은 과정을 거쳐 경과 내가 온전한 흡수 통일을 이룬다. 경이 내 안에 있고 내가 경 안에 있는 것이다.

부처님이 살아 계시는 동안에 그분이 설하시는 경을 듣고 이런 과정을 밟는 것은 그리 어려운 일이 아니겠으나, 오랜 세월이 흐른 뒤에도 그런 믿음을 내는 사람이 있다면 그 사람이야말로 아주 드문 사람이겠다는 얘기다. 수보리로서는 언제든지 가져 볼 수 있는 생각이다.

적도권이 뜨겁고 극지방이 추운 것은 태양이 가깝고 멀기 때문이다. 시·공 안에서 살아야 하는 사람에게는 '거리'의 작용이 없을 수 없는 것이다.

그래서 예수님도, "말세에 믿는 사람을 보겠느냐?"고 하셨다.

어째서 그러한가 하면, 그 사람에게 아상, 인상, 중생상, 수자상이 없기 때문이니 이는 아상이 곧 상 아닌 것이요 인상, 중생상, 수자상도 상 아닌 것이기 때문입니다. 그 까닭은 일체 모든 상을 여읜 분을 이름하여 모든 부처님이라고 하기 때문입니다.

(何以故오, 此人이 無我相하고 無人相하고 無衆生相하고 無壽者相함이니, 所以者는 何오, 我相卽是非相이요 人相衆生相壽者相卽是非相이니이다. 何以故오, 離一切諸相을 卽名諸佛이니이다.)

🛕

경을 듣고 믿고 알고 받아들이고 그리하여 경을 살아가는 사람은 네 가지 상(四相)을 여읜 사람이다.

"아상我相은 너와 다른 '나'가 따로 있다는 것이요, 인상人相은 식물이나 짐승, 벌레 따위와 다른 '사람'이 따로 있다는 것이요, 중생상衆生相은 무생물과 다른 '생물'이 따로 있다는 것이요, 수자상壽者相은 태어나서 죽기까지 수명이라는 게 따로 있다는 것이다."(틱낫한)

네 가지 상은 분별심의 열매다. 그리고 그것이 다시 분별심을 키운다. 불보살佛菩薩은 이 순환 고리에서 벗어난 사람이다.

"일체제상一切諸相을 여읜 분을 이름하여 제불諸佛이라고 한 것은, 실상實相을 깨친 사람은 다른 아무것에도 견주어질 수 없으니 그 사람이야말로 두 가장자리(二邊)에 붙잡히지 않으면서 중도中道에 처하지도 않아 어디에도 머물지 않으니 이름하여 부처님이라고 한다는 것을 마땅히 알라는 말이다."(李文會)

부처님께서 수보리에게 이르시기를, 그러하다, 그러하다. 다시 어떤 사람이 이 경을 듣고서 놀라지 않고 겁내지 않고 두려워하지 않는다면 그 사람이야말로 아주 드문 사람인 줄 마땅히 알아라. 어째서 그러한가? 수보리여. 여래가, 첫 번째 바라밀이 첫 번째 바라밀이 아니요 그 이름이 바라밀임을 설했기 때문이다. 수보리여, 욕됨을 참는 바라밀도 여래가 욕됨을 참는 바라밀이 아니요 그 이름이 욕됨을 참는 바라밀이라고 설한 것이다.

(佛이 告須菩提하기를 如是如是로다. 若復有人이 得聞是經하고 不驚不怖不畏면 當知어다. 是人은 甚爲希有니 何以故오, 須菩提여. 如來가 說第一波羅蜜卽非第一波羅蜜이요 是名第一波羅蜜이니라. 須菩提여, 忍辱波羅蜜도 如來가 說非忍辱波羅蜜이요 是名忍辱波羅蜜이니라.)

🛕

깨달음이란 본디 나에게 있는 것을 찾는 것이다. 없는 길을 만드는 것이 아니라 있는 길을 찾아내는 것이다. 그러므로 종교는 발명이 아니라 발견이다.

본디 지니고 있는 것을 지니게 되었는데 놀라고 겁내고 두려

위할 까닭이 없다. 사람이 무엇을 두려워하는 것은 그 '무엇'과 아직 하나로 되지 못해서다. 그 '무엇'과 아직 하나로 되지 못했다면 그 '무엇'을 아직 깨닫지 못한 것이다.

참으로 하느님을 믿는다면 그에게는 어떤 종류의 두려움이나 겁냄도 있을 수 없다. 하느님에 대한 두려움도 물론이다.

바라밀波羅蜜은 도피안到彼岸이라고 번역하는데 보통 고해苦海를 건너 열반의 언덕에 이르는 수행 방편을 가리킨다. 여섯 가지 또는 열 가지로 나누어 설명한다.

여섯 바라밀은, 보시布施(자비를 널리 베품), 지계持戒(계율을 지킴), 인욕忍辱(욕됨을 참고 견딤), 정진精進(게으르지 않고 수행에 힘씀), 선정禪定(마음을 고요히 통일함), 지혜智慧(나쁜 생각을 버리고 참지혜를 얻음)를 가리킨다. 여기에 방편方便, 원願, 역力, 지智를 보태면 열 가지 바라밀이다. 사람에 따라서 자자慈 · 비비悲 · 방편方便 · 불퇴不退를 보태기도 한다.

제일 바라밀은 보시 바라밀布施波羅蜜이다.

보시라는 것이, 주는 자도 받는 자도 주고받는 물건도 모두가 공空이니 실實은 없는 것이요 그 이름만 있는데 무엇을 어떻게 놀라고 겁내고 두려워하겠는가? 인욕도 마찬가지다. 욕을 주는 자도 받는 자도 따로 없고 그놈이 그놈인데 누가 무엇을 참고 견딘단 말인가?

그래도 주고받음을 통하여 주고받음이 없는 경지로 가고 욕됨을 참고 견딤으로써 욕됨을 참고 견딤이 없는 경지로 간다.

수행하는 사람은 마땅히 가볍게 처신하지 말 것이다.

어째서 그러한가? 수보리여. 옛적에 내가 가리왕을 위하여 몸을 베어 주었는데 그때 나에게 아상, 인상, 중생상, 수자상이 없었던 것과 같다.

(何以故오, 須菩提여. 如我昔爲歌利王하여 割截身體하였거늘 我於爾時에 無我相無人相無衆生相無壽者相이니라.)

🛕

가리왕歌利王은 산스크리트어로서 무도극악無道極惡한 임금이라는 뜻이다. 석가세존이 과거에 인욕선인忍辱仙人으로 수행할 때 그의 팔다리를 끊었다고 한다. 지금 세존은 자기의 몸을 그가 자른 것이 아니라 자기가 그를 위하여 몸을 베어 주었다고 말한다. 그가 그럴 수 있었던 것은 네 가지 상을 여의었기 때문이다.

어째서 그러한가? 내가 옛적 마디마디 몸을 베일 때에 아상, 인상, 중생상, 수자상이 있었다면 마땅히 성을 내고 한을 품었을 것이다. 수보리여. 또한 지난날 오백 세世에 인욕선인 노릇할 적을 생각해 보니 그때에 나에게는 아상도 없고 인상도 없고 중생상도 없고 수자상도 없었다.

(何以故오, 我於往昔節節支解時에 若有我相人相衆生相壽者相이면 應生嗔恨이니라. 須菩提여, 又念過去於五百世에 作忍辱仙人하니 於爾所世에 無我相하고 無人相하고 無衆生相하고 無壽者相하니라.)

♁

이 몸이 '나'라는 생각에 갇혀 있었으면 몸을 베어 줄 리도 없겠지만 마지못해 베임을 당할 경우 성을 내고 한을 품었을 것이다.

내가 화를 내는 까닭은 내가 다칠까봐 두려워서다. '나'가 단단할수록 화를 잘 낸다.

"나에게 몸이 없다면 어떻게 병을 앓겠는가?"(老子)

암이나 결핵이 병이 아니다. 독립된 나(個我)가 따로 있다는 미숙한 의식이 병이다.

칼로 물을 끊고
불로 빛을 불어 끄려느냐?
밝음이 오면 어둠이 가시느니
거리낄 일이 없도다.
가리왕아, 가리왕아.
먼 인연의 물결에
달리 좋은 상량商量(헤아림) 있음을
뉘 알았으리오?(川禪師)

그러므로 수보리여. 보살은 마땅히 모든 상을 떠나서 아누다라삼먁삼보리심을 내어야 하니, 모양에 머물러 마음을 내지 말고 소리, 냄새, 맛, 느낌, 법에 머물러 마음을 내지 말고 어디에도 머무는 바 없이 마음을 내어야 한다. 마음이 어디에 머물러 있으면 머무는 게 아니다.

(是故로 須菩提여. 菩薩은 應離一切相하고 發阿耨多羅三藐三菩提心이니 不應住色生心하고 不應住聲香味觸法生心하며 應生無所住心이니라. 若心有住면 卽爲非住니라.)

🛆

큰 집에 살면서 비싼 가구 쓰기를 좋아함은 모양(色)에 사로잡혀 마음을 쓰는 것이요, 작은 집에서 싸구려 가구를 고집하는 것 또한 마찬가지로 모양에 붙잡혀 마음을 쓰는 것이다.

보살은 모든 상을 떠나 위없이 높은 지혜를 얻고자 마음을 낸 사람이니 모양, 소리, 냄새, 맛, 촉감, 법에 붙잡혀서는 안 된다.

기독교인이 하느님께 붙잡힌다고 말하는 것은 아무것에도 붙잡히지 않는다는 말이다. 그 '아무' 속에는 물론 '하느님'도 포함된다. "하느님과 나 사이에 하느님도 없기를 나는 바란다."

(마이스터 에크하르트)

"시방十方의 여러 부처님들 공양하는 것이 무심도인無心道人 한 사람 공양하느니만 못하다. 왜냐하면 무심無心이기 때문이다. 무심은 여여如如의 몸(體)이다. 안으로는 나무나 돌처럼 흔들리지도 움직이지도 아니하고 밖으로는 허공처럼 막히지도 엉키지도 아니하니 이를 이름하여 부처라 한다.…… 마음이 어디에 머물러 있으면 머무는 게 아니라는 말은, 진여眞如의 마음은 본디 머무는 데가 없는지라 이런저런 법상法相에 머물러 있지 않으면 곧 도와 더불어 서로 응하는 것이요, 법에 머무르면 이는 바른 가르침(正敎)을 어기는 것이다. 바른 가르침을 어겼으면 이는 머물러야 할 바에 머물지 않은 것이다."(黃蘗禪師)

부자로 살기를 고집하는 것이나 가난하게 살기로 고집하는 것이나 마음이 어디에 붙잡혀 있기는 마찬가지다. 자유는 그런 게 아니다. 그래서 바울로는 "나는 부자로 살 줄도 알고 가난뱅이로 살 줄도 안다"고 했다. 마음이 어디에도 머물러서는 안 된다는 말에 속아서 밥을 먹으면서도 마음이 딴 데가 있고 길을 가면서도 마음이 딴 데가 있으면 그 사람은 수행자가 아니라 정신분열증 환자다.

요컨대 꽃의 아름다움을 감상하면서 그 아름다움에 사로잡히지 말라는 얘기겠다.

그래서 부처님이 이르시기를 보살의 마음은 마땅히 모양에 머물지 않고 널리 베푼다고 하신 것이다.

(是故로 佛說菩薩心은 不應住色布施라 하니라.)

🛕

"보살의 마음이란 어떤 마음인가? 어디에도 머물러 있지 않는 마음이다. 보살은 육근六根이 맑고 깨끗하여 어디에도 붙잡히지 않고 마음을 낸다. 어찌 그가 보시를 베푸는데 무슨 욕심을 채우려는 뜻에서 베풀겠는가? 그러나 안근眼根(눈)이 맑지 못한 데 온갖 고통의 뿌리가 있는지라 그래서 부처님께서는 모양(눈으로 보는 것)에 머물지 말고 널리 베풀라고 말씀하신 것이다."(陳雄)

"어리석은 자는 일을 없애고 마음을 없애지 않는다. 슬기로운 자는 마음을 없애고 일을 없애지 않는다. 보살의 마음은 허공과 같아서 모든 것을 다 버리니 복덕福德을 짓겠다는 마음조차 없다. 여기 버림(捨)에는 세 가지 등급(等)이 있다. 안팎으로 몸과 마음을 모두 버려 허공처럼 어디에도 탐착貪着하지 않게 된 뒤에 힘을 좇아(隨力) 상대에게 응하며(應物) 능소能所(주는 쪽과 받는 쪽)를 모두 잊으면 그것이 크게 버림(大捨)이요, 한번

도를 행하여 덕을 베풀되 곧 돌이켜 그것을 버리고 아무 바라는 마음이 없으면 이는 중간 버림(中捨)이요, 널리 많은 선善을 닦으면서 바라는 바가 있으나 법法을 듣고 공空을 알아서 집착하지 않으면 그것이 작게 버림(小捨)이다. 크게 버림은 횃불이 앞에 있어서 미혹과 깨달음이 다시 없는 것과 같고, 중간 버림은 횃불이 옆에 있어서 밝았다 어두웠다 하는 것과 같고, 작게 버림은 횃불이 뒤에 있어서 함정을 보지 못하는 것과 같다."(黃蘗禪師)

수보리여. 보살이 모든 중생을 이익되게 하고자 이와 같이 널리 베푸는 것이나 여래가 설하기를, 모든 상이 곧 상 아니라 하였고, 또 설하기를, 모든 중생이 중생 아니라 하였다.

(須菩提여. 菩薩이 爲利益一切衆生故로 應如是布施나 如來가 說一切諸相卽是非相이요 又說一切衆生卽非衆生이니라.)

보살이란 다만 모든 중생의 이익을 위하여 널리 베푸는 사람이다. 그러나 그에게는 베푸는 바가 아무것도 없다. 하되 하는 바가 없고 주되 주는 바가 없다.

"무위無爲의 일(事)에 처하고 말없는 가르침을 행하고 만물을 지으면서 사양하지 않고 낳되 가지지 않고 하되 기대하지 않고 공을 이루고는 그 자리에 머물러 있지 않는" 노자老子 같은 성인이 바로 그런 사람이겠다.

'나'가 없는 사람에게 어찌 '내가 한 일'이 있으랴?

"보살은 법과 재물을 똑같이 베풀어 끝없이 중생을 이익되게 하는 사람이니, 만약에 자기가 능히 이익을 준다는 마음을 품는다면 이는 곧 법이 아니요, 능히 이익을 준다는 마음을 품지 않으면 이를 이름하여 머물지 아니함(無住)이라 한다. 머물지 아니함이 곧 부처님 마음(佛心)이다."(六祖)

수보리여. 여래는 참말을 하는 자요 알찬 말을 하는 자요 한결같은 말을 하는 자요 속이는 말을 하지 않는 자요 다른 말을 하지 않는 자다.

(須菩提여. 如來는 是眞語者요 實語者요 如語者요 不誑語者요 不異語者니라.)

🕊

"참(眞)은 거짓을 말하지 않는 것이고, 알참(實)은 허虛하지 않은 것이고, 같음(如)은 이치에 맞는 것이고, 속이지 않음(不誑)은 헛말을 하지 않는 것이고, 다르지 않음(不異)은 처음부터 나중까지 한결같은 것이다. 성인의 마음은 틀림이 없으니 그러므로 마땅히 그대로 수행할 일이다." (謝靈運)

속에 있는 생각이나 느낌을 밖으로 나타내는 것이 말이다. 그 말이 속생각과 느낌에 일치되면 참말(眞語)이다. 일치되지 않으면 속이는 말(誑語)이요 다른 말(異語)이다. 예수님이 그런 것은 그렇다고 아닌 것은 아니라고 말하라 하신 것은 참말을 하라는 말씀이시다. 그 밖의 말이 모두 악에서 나온 것인 까닭은 속이는 말이기 때문이다.

수보리여. 여래가 법을 얻었으니 이 법은 차 있지도 않고 비어 있지도 않다.

(須菩提여. 如來가 所得法이니 此法은 無實無虛니라.)

🔔

"차 있지 않다는 것은 법의 체體가 공적空寂하여 상相으로는 얻을 수 없다는 말이다. 그러나 그 가운데 헤아릴 수 없이 많은 성덕性德이 있어서 그것을 쓰는 데 끝이 없다. 그래서 비어 있지 않다고 한 것이다."(六祖)

"차 있음(實)을 말하고자 하면 상相으로 얻을 수 없고, 그 비어 있음(虛)을 말하고자 하면 써도 끊이지 않는다. 그런 까닭에 있다고 말할 수도 없고 없다고 말할 수도 없으니 있으면서 있지 않고 없으면서 없지 않다. 말 가지고 미칠 수 없는 것이 다만 참된 지혜(眞智)로구나. 상相을 떠나서 수행하지 않으면 여기에 이를 수 없다."(李文會)

진공묘유眞空妙有인데, 진공에서 묘유가 나오는 게 아니라 진공이 묘유요 묘유가 진공이라는 말이다. 사람 입이 두 개라면 동시에 한 입으로 진공을 말하고 다른 입으로 묘유를 말할 수 있을 터이나 입이 한 개라서 그렇게 말할 수 없는 것일 뿐이다.

수보리여. 보살의 마음이 법에 머물러 널리 베풀면 사람이 어둠에 들어가서 아무것도 보지 못하는 것과 같고, 보살의 마음이 법에 머물지 않고 널리 베풀면 사람에게 눈이 있고 햇빛이 밝게 비추어 가지가지 모양을 다 보는 것과 같다.

(須菩提여. 若菩薩心이 住於法하여 而行布施면 如人入暗하여 卽無所見이요 若菩薩心이 不住法하여 而行布施면 如人有目하고 日光明照에 見種種色이니라.)

🛕

"여기 말하는 보시布施는, 중생을 교화하는 법시法施를 뜻하는 것으로 읽는다."(王日休)

사람 눈을 뜨게 해 준다면서 법에 마음이 머물러 있으면, 다시 말해서 그렇게 해야 한다는 법에 얽매여 있으면, 그것은 본인이 아직 눈을 뜨지 못한 것이므로 맹인이 맹인을 인도하는 격格이다. 둘 다 어둠에 떨어질 수밖에 없다.

세상을 해방시키겠다는 자여, 그대는 과연 해방되었는가? 빛이 저를 먼저 드러내지 않고서 다른 것들을 드러낼 수는 없는 법.

수보리여. 오는 세상에서 착한 남자와 착한 여자가 이 경經을 받아 지니고 읽으면 곧 여래가 부처님의 지혜로써 그 사람을 낱낱이 알고 그 사람을 속속들이 보리니 모두 가없는 공덕을 이룰 것이다.

(須菩提여. 當來之世에 若有善男子善女人이 能於此經을 受持讀誦하면 卽爲如來가 以佛智慧로 悉知是人하고 悉見是人하리니 皆得成就無量無邊功德이니라.)

🛕

내가 경經을 읽는 것은 경이 나를 읽는 것이다. 경은 부처님 말씀이다. 내가 경을 읽으면 부처님이 나를 읽는다. 불경이든 성경이든 경을 읽으면서 본인의 실상實相을 보지 못한다면, 경을 헛읽은 것이다.

자기의 실상을 읽는 것보다 더 큰 공덕은 없다.

15

수보리여. 만약에 착한 남자와 착한 여자가 있어 아침에 갠지스 강 모래알처럼 많은 몸으로 널리 베풀고, 대낮에 다시 갠지스강 모래알처럼 많은 몸으로 널리 베풀고, 저녁에 또한 갠지스 강 모래알처럼 많은 몸으로 널리 베풀어, 이렇게 헤아릴 수 없는 백천만억 겁을 몸으로 널리 베풀어도, 만약에 다시 한 사람이 있어 이 경전을 듣고 믿는 마음이 거스르지 않으면 그 복이 저보다 많을 것인데, 하물며 베껴서 몸에 지니고 읽으며 남을 위해 풀어 준다면 어떠하겠는가?

(須菩提여. 若有善男子善女人이 初日分에 以恒河沙等身으로 布施하고 中日分에 復以恒河沙等身으로 布施하고 後日分에 亦以恒河沙等身으로 布施하여 如是로 無量百千萬億劫을 以身布施라도 若復有人이 聞此經典하고 信心不逆이면 其福이 勝彼리니 何況書寫受持讀誦하여 爲人解說이리오.)

0(zero)을 숫자로 칠 수 있는 것인지는 모르겠으나 아무리 큰 수도 0보다 클 수 없고 아무리 작은 수도 0보다 작을 수 없다. 그러므로 숫자의 크기를 0에 견주어 말할 수는 없는 일이다.

몸으로 널리 베푸는 일은 아무리 오래 많이 해도 결국 꿈속에서 하는 일이다. 다만 헛되고 헛될 따름이다. 경經을 받아 지니고 읽는 일은 꿈에서 깨어나는 일이다. 꿈에 아방궁을 수백 채 지니는 것보다 깨어나서 초가 삼간에 살 일이다. 이것과 저것은 나란히 놓고 견줄 상대가 못 된다.

"하루에 세 번씩 갠지스 강 모래알처럼 많은 몸으로 널리 베풀면 헤아릴 수 없는 복을 받겠지만 그것이 다 세간世間의 복이다. 세간의 복을 받는 자는 번뇌의 인因에 물들고, 이로 말미암아서 악을 짓게 된다. 이 경전을 듣고 믿는 마음이 거스르지 않으면 이로써 좋은 뿌리(善根)를 심는 것이다. 좋은 뿌리가 이미 심겨졌으니 날마다 자라서 세월과 함께 무성해진다. 이는 곧 출세간出世間의 복이다. 앞의 것에 견줄 바가 아니다. 그 복이 저보다 헤아릴 수 없이 많다."(王日休)

"예수의 일행이 여행하다가 어떤 마을에 들렀는데 마르타라는 여자가 자기 집에 예수를 모셔들였다. 그에게는 마리아라는 동생이 있었는데 마리아는 주님의 발치에 앉아서 말씀을 듣고 있었다. 시중 드는 일에 경황이 없던 마르타는 예수께 와서 '주님, 제 동생이 저에게만 일을 떠맡기는데 이것을 보시고도 가만두십니까? 마리아더러 저를 좀 거들어 주라고 일러 주십시오' 하고 말하였다. 그러나 주께서는 이렇게 대답하셨다. '마르타, 마르타, 너는 많은 일에 다 마음을 쓰며 걱정하지만 실상 필요한 것은 한 가지뿐이다. 마리아는 참 좋은 몫을 택했다. 그것을 빼앗아서는 안 된다.'"(《루가》 10: 38~42)

그렇다. 필요한 것은 한 가지뿐이다. 하지 않아도 될, 하지 말아야 될 수많은 일에 쓸데없이 분주하여 한 가지 필요한 일을 놓치고 마는 중생이 있어서, 오늘도 《금강경》은 존재 이유가 충분하다. 다만 그 필요한 한 가지가 만사 젖혀 두고 경이나 외면서 눈뜬 맹인으로 살아가는 것이 아님을 분명히 알아야 할 것이다.

언젠가, 무릎 위에 성경을 펼쳐 놓고 그 '말씀'을 옆사람에게 해설해 주느라고 바로 자기 앞에 비틀거리며 서 있는 노인을 한 번도 쳐다보지 않는 여자를 전철에서 보았다. 그토록 민망한 꼬라지라니!

수보리여. 요컨대 이 경에 생각도 할 수 없고 말도 할 수 없고 끝도 없는 공덕이 있으니 여래가 대승大乘의 진리를 얻고자 결심한 자를 위하여 이를 설했고, 최상승最上乘의 진리를 얻고자 결심한 자를 위하여 이를 설했다.

(須菩提여. 以要言之컨대 是經에 有不可思議不可稱量無邊功德이니 如來가 爲發大乘者說하고 爲發最上乘者說하니라.)

🔔

승乘은 법法이다. 중생을 싣고 생사의 고해苦海를 건너 열반의 피안에 이르게 하는 교법敎法을 말한다.

"대승大乘은 보살승菩薩乘이다. 아라한은 홀로 생사를 벗어났으나 중생을 제도濟度(고해를 건너 피안에 이르게 함)하지 않는다. 그래서 소승小乘이라고 한다. 작은 수레를 타는 것과 같아서 자기 한 몸을 실을 수 있을 따름이다. 연각緣覺(인연법을 인식하여 惑을 버리고 불생불멸의 진리를 깨달은 자)은 반은 남을 위하고 반은 자기를 위하므로 중승中乘이라고 한다. 크지도 작지도 않은 수레를 탄 것과 같다. 보살은 대승이다. 큰 수레를 탄 것과 같아서 자기도 싣고 일체 중생도 제도한다. 이 경은 널리 일체 중생을 제도코자 한다. 그러므로 보살 대승이 되기로 마음먹은 자를 위하여 설하는 것이다. 최상승最上乘은 불승佛乘이다. 부처는 또한 능히 보살을 겸하여 싣고 건네준다. 곧 대승의 위에 있으니 그래서 최상승이다. 이 수레에 타면 다시 탈 수레가 없다. 그런 까닭에 가장 높은 수레다. 부처가 되기로 마음먹은 자를 위하여 이 경을 설한다. 부처가 보살을 교화 제도(化度)한다는 말은 이 경의 이치로 말미암은 것이다."(王日休)

"여래께서 세상에 나투시어 일승진법一乘眞法을 설하셨으나 중생이 믿지 않고 비방하여 고해苦海에 빠져 있다. 만약에 도무지 설하지 않는다면 모두가 탐욕과 인색에 떨어지리라. 중생으로 하여금 묘도妙道를 버리지 않게 하고자 방편을 써서 삼승三乘을 설하여 수레에 큰 것과 작은 것이 있고 얻음에 깊은 것과 얕은 것이 있다고 했으나 모두 정법定法이 아니다. 그러므로 이르기를, 오직 한 가지 수레(一乘)가 있을 따름이요 나머지 둘은 진실이 아니라고 하였다."(黃檗禪師)

대승이건 소승이건, 그것은 황벽 선사 말대로 방편에 지나지 않고, 요컨대 부처와 보살이 되기로 결심하지 않은 자에게는 이 경이 아무것도 아니라는 얘기겠다. 그래서 진주를 돼지에게 주지 말라고 했다.

거꾸로, 이 글이 열심으로 읽혀지는 자는 자기 속에 깨달은 자 되겠다는 결심이 서 있는 사람이라고 말할 수 있겠다. 좋은 일이다. 무한공덕無限功德이 이미 그의 것이다.

만약에 어떤 사람이 있어, 능히 받아 지니고 외워서 널리 남을 위하여 설한다면 여래가 그 사람을 다 알고 그 사람을 다 보아 저마다 헤아릴 수 없고 말할 수 없고 끝이 없고 생각도 할 수 없는 공덕을 능히 이루리니, 이와 같은 사람은 여래의 아누다라삼막삼보리를 자기 몸에 짊어지는 것이다.

(若有人이 能受持讀誦하여 廣爲人說하면 如來가 悉知是人하고 悉見是人하여 皆得成就不可量不可稱無有邊不可思議功德하리니 如是人等은 卽爲荷擔如來阿耨多羅三藐三菩提니라.)

🛕

여래의 위없이 높은 깨달음(無上正等覺)을 자기 몸에 짊어졌다는 말은, 여래가 얻은 깨달음을 얻었다는 말이다.

여래가 그를 다 알고 다 본다는 말은, 여래와 그가 한 몸이 된다는 뜻으로 새긴다. 내가 나를 알듯이 그렇게 아는 것이다. 몸이 몸을 아는 것이다. 머리로 알 수 있는 게 아니다.

그가 헤아릴 수 없는 공덕을 성취하지만 스스로 무엇을 성취했다고 생각하지 않는다. 처음부터 있는 것을 지니게 되었는데 무엇을 얻었다고 하겠는가? 깨달음이란 없는 것을 만들어 가지는 게 아니라 본연으로 돌아가는 것이다.

"그대들은 마땅히, 자기 마음이 곧 부처임을 믿어라. 이 마음이 곧 부처 마음이다. 마음 바깥에 따로 부처 없고 부처 바깥에 따로 마음 없다."(馬祖)

어찌된 까닭인가? 수보리여. 만약에 작은 법을 즐기는 자라면 아견·인견·중생견·수자견에 집착하여 이 경을 능히 듣고 받고 읽고 외워 남에게 해설할 수 없기 때문이다.

(何以故오, 須菩提여. 若樂小法者면 著我見人見衆生見壽者見하여 則於此經을 不能聽受讀誦爲人解說하니라.)

🔔

"《법화경》에 이르기를, 둔근鈍根(근성과 기량이 둔한 자)은 작은 법(小法)을 좋아한다고 하였으니 이는 그 뜻을 낮은 데 두어서 대승심大乘心을 내지 않는 자를 두고 말한 것이다. 그런 사람은 사견邪見에 떨어져 대승최상승법大乘最上乘法이라고 하는 것을 알지 못한다. 이윽고 이 경을 손에 넣어도 듣고 외지를 못하거늘 하물며 능히 남을 위해 설해 주겠는가? 아견我見과 인견人見 등에 집착함은 사견에 떨어짐이다. 《원각경圓覺經》에 이르기를, 대승을 구하는 자는 사견에 떨어지지 않는다 했다."(陳雄)

둔근이 따로 있는 게 아니다. 작은 법을 좋아하여 가장 높고 큰 법을 깨닫고자 애쓰지 않으면 그가 바로 둔근이다.

"만약에 수행을 하고자 할진대는 마땅히 정법正法에 의할 일이다. 마음이 생각을 여의고 허공과 같아져서 성범聖凡에 떨어

지지 않고 몸과 마음이 평등하도록, 이와 같이 수행하는 것이 곧 정법이다."(正法眼藏)

수보리여. 어느 곳이든지 만약에 이 경이 있다면 일체 세간의 천신과 인간과 아수라가 공양하는 곳이니 마땅히 알아라. 그곳은 곧 탑이 된다. 모두가 마땅히 공경하여 예禮를 갖추어 돌면서 온갖 꽃향기로 그곳에 흩뿌릴 것이다.

(須菩提여. 在在處處에 若有此經이면 一切世間天人阿修羅의 所應供養이니, 當知어다, 此處는 卽爲是塔이라. 皆應恭敬作禮圍遶하여 以諸華香으로 而散其處하리라.)

🛕

천신天神과 인간人間과 아수라阿修羅(교만하고 자만심이 강해서 잘 싸우는 귀신)가 모두 깨달음을 얻어 해탈해야 하는 존재다. 그들이 부처님 모셔져 있는 곳을 돌면서 공경하는 것은 마땅히 해야 할 일이다.

불경佛經은 부처님 말씀(道)이요, 부처님 말씀은 곧 부처님이다. 누구든지 부처님 말씀대로 살면 곧 부처를 살리는 것이요, 그 말씀을 어기면 곧 부처를 죽이는 것이다.

부처님 말씀대로 하기가 그 말씀을 어기기보다 쉽고 편하고 자연스럽다. 예수님 말씀도 마찬가지다.

남을 속이는 일과 정직하게 대하는 일, 어느 쪽이 더 쉬운가?

술에 취하는 일과 맑은 정신으로 있는 일, 어느 쪽이 더 자연스러운가?

 쉬운 길을 쉽게 가는 것이 불보살佛菩薩의 길이요 쉬운 길을 어렵게 가는 것이 중생의 길이다.

16

또한 수보리여. 만약에 착한 남자 착한 여자가 이 경을 받아 지니고 읽다가 사람들한테 업신여김을 받으면 그 사람은 전생의 죄업으로 마땅히 악도惡道에 떨어지게 되어 있었으나 지금 세상에서 사람들의 업신여김을 받은 까닭에 전생의 죄업이 없어지고 말았으니 마땅히 아누다라삼먁삼보리를 얻은 것이다.

(復次須菩提여. 若善男子善女人이 受持讀誦此經하다가 若爲人輕賤이면 是人은 先世罪業으로 應墮惡道나 以今世人輕賤故로 先世罪業이 卽爲消滅이니 當得阿耨多羅三藐三菩提하니라.)

🛕

경을 받아 몸에 지니고 읽어 외우면 사람들이 그를 가벼이 여기고 함부로 대한다. 왜일까? 경을 읽는 것이 그냥 목소리 돋우어 독경讀經하는 것을 뜻하지 않고 그 가르침을 몸받아 살아가는 것이기 때문이다.

부처님의 가르침대로 사는데 어째서 업신여김을 받는가? 사람들이 저마다 똑똑한 줄 알지만 사실은 어리석어서 그를 업신여기는 것이지 그가 업신여김을 받을 만한 짓을 했기 때문은 아니다.

애꾸 토끼들만 사는 섬에 두 눈 가진 토끼가 들어갔다가 놀림을 받고 쫓겨났다는 이야기가 있거니와, 경을 모르는 인간들이 경 읽는 사람을 업신여기는 것이 꼭 그와 같은 현상이다. 보이는 것을 위주로 하여 살아가는 자들의 눈에는 보이지 않는 세상을 바라는 자들이 바보 병신으로 보일 것이다.

예수님도 말씀하셨다.

"나는 분명히 말한다. 누구든지 나를 위하여 또 복음을 위하여 집이나 형제 자매나 어머니나 아버지나 자녀나 토지를 버린 사람은 현세에서 박해도 받겠지만, 집과 형제와 자매와 어머니와 자녀와 토지의 축복도 백 배나 받을 것이며 내세에서는 영원한 생명을 얻을 것이다."(《마르코》 10 : 29~30)

죽을 수밖에 없는 인간이 경을 얻어 몸에 지니고 읽다가 사람들한테 업신여김을 받고는 위없는 깨달음을 얻어 불생불멸의 경지로 들어간다. 횡재가 있다면 이보다 더한 횡재가 있으랴?

"업을 지었으니 도망칠 곳이 없게 되었는데 반야般若를 행한 까닭에 무거운 벌이 가벼운 벌로 바뀌었다. 대론大論에 말하기를, 지난 생에서 중한 죄를 지어 마땅히 지옥에 들어가게 되었으나 반야를 행한 까닭에 지금 생에서 가벼운 벌을 받으니, 비뢀컨대 마땅히 죽을 죄를 지은 자가 힘있는 이의 보호를 입어 죽음 대신 채찍을 받는 것과 같다고 하였다."(僧 若訥)

그러니 그가 경을 읽는다 하여 업신여기고 함부로 대한 자들이야말로 얼마나 고마운 존재들인가?

수보리여. 내가 생각해 보니 과거 헤아릴 수 없는 아승지겁에 연등 부처님 앞서 팔백사천만억 나유타 부처님을 만나 그분들을 모두 공양하고 섬기는데 그냥 지나간 적이 없었거니와, 만약에 어떤 사람이 있어 나중 말세에 능히 이 경을 받아 지니고 읽어 왼다면 그가 얻는 공덕이 내가 여러 부처님을 공양하여 얻은 공덕으로는 백에 하나도 미치지 못하고 천만억분 내지 산수와 비유로도 미칠 수 없다.

(須菩提여. 我念過去無量阿僧祇劫에 於然燈佛前得値八百四千萬億那由他諸佛하여 悉皆供養承事하되 無空過者였거니와 若復有人이 於後末世에 能受持讀誦此經하면 所得功德이 於我所供養諸佛功德으로 百分에 不及一이며 千萬億分乃至算數譬喩로도 所不能及이니라.)

"종일토록 공양을 하지만 이는 복전福田을 구하는 것이지 생사고해生死苦海에서 벗어나기를 구하는 게 아니다. 자성自性이 어두울진대 복을 구한들 무엇에 쓰리."(五祖)

"부처를 공양함은 재물로 보시하는 것인데 재물 보시로 얻는 보상은 세월과 함께 적어져서 드디어 바닥이 나고 만다. 경을 읽는 것은 좋은 뿌리(善根)를 심는 것인데 좋은 뿌리를 심으면 날마다 자라나 마침내 성불成佛에 이른다. 그러므로 끝이 없다. 바닥이 있는 것(有盡)으로 끝이 없는 것(無窮)에 견주니 어찌 미칠 수 있겠는가?"(王日休)

"양무제梁武帝가 절 짓고 부처님 공양하고 재齋 올리는 보시를 하고서 달마 조사達磨祖師께 묻기를 어떤 공덕이 있겠느냐 하자 대답하되 실무공덕實無功德이라 하였다. 훗날 사람들이 그 뜻을 깨닫지 못하더니, 소주韶州 위사군韋使君이 육조六祖께 여쭈었다. 육조께서 비로소 드러내 보이시며 말씀하시기를, 절 짓고 부처님 공양하고 재 올리는 보시는 이름하여 수복修福이라고 하는데 복을 가지고서는 공덕을 이룰 수 없는 것이다. 공덕은 법신法身에 있지 수복에 있는 게 아니라 하셨고, 또 이르시기를 공덕은 자성自性에 있는 것으로서 보시와 공양으로 구할 바가 아니니, 그래서 복으로는 공덕에 미치지 못하고 부처님 공양함이 경經을 모심에 미치지 못하는 것이라고 하셨다."(陳雄)

"사람이 온 세상을 얻는다 해도 제 목숨을 잃으면 무슨 소용이 있겠느냐?"(〈마태오〉 16: 26)

수보리여. 만약에 착한 남자 착한 여자가 나중 말세에 이 경을 받아 지니고 읽어서 얻는 바 공덕을 내가 다 갖추어 말한다면 사람들이 듣고 마음이 매우 어지러워져서 의심하여 믿지 않을 것이다.

(須菩提여. 若善男子善女人이 於後末世에 有受持讀誦此經하여 所得功德을 我若具說者면 或有人이 聞하고 心卽狂亂하고 狐疑不信이리라.)

🛆

자기 몸이 경험하는 세계에 갇혀 있는 자들에게는 그 세계 밖에서 일어나는 일이 모두 의심스러울 수밖에 없는 일이다.

어떻게 하면 이 몸을 가지고서 몸 밖으로 나갈 수 있을까?

수보리여. 마땅히 알아라. 이 경의 뜻은 헤아려 알 수 없고 그 열매 또한 헤아려 알 수 없는 것이다.

(須菩提여. 當知어다. 是經義는 不可思議요 果報亦不可思議니라.)

🛕

머리로 헤아려 알 수 없는 것을 머리로 헤아려 알고자 하니 머리만 아플 뿐, 마치 모래로 밥을 지으려는 것과 같아서, 도무지 얻는 바가 있을 리 없다.

나는 내 몸을 돌고 있는 피에 대하여, 그 발생 과정과 성분과 소멸 과정에 대하여 아무 아는 바가 없다. 그러나 피가 소중하다는 사실, 그것이 없다면 몸도 없다는 사실은 내 머리도 알고 몸도 안다.

이렇게 사람은 불성佛性에 대하여, 하느님에 대하여, 자연에 대하여, 아무것도 모르면서 잘 알고 있는 것이다. 머리로 하여금 몸을 훼방 놓지 못하도록 잡도리를 게을리하지 말 일이다.

17

그때에 수보리가 부처님께 여쭙기를, 세존이시여 착한 남자와 착한 여자가 아누다라삼먁삼보리심을 내었을진대 어디에 마땅히 머물며 어떻게 마땅히 그 마음을 항복시켜야 합니까? 부처님께서 수보리에게 이르시기를, 착한 남자와 착한 여자로 아누다라삼먁삼보리심을 낸 사람은 마땅히 이와 같이 마음을 내어야 하니, 내 마땅히 일체 중생을 멸도滅度하겠다는 마음을 내되 일체 중생을 멸도하였으면 한 중생도 실로 멸도하지 않았다고 해야 한다.

(爾時에 須菩提가 白佛言하기를, 世尊이시여 善男子善女人이 發阿耨多羅三藐三菩提心인댄 云何應住며 云何降伏其心이니이까. 佛이 告須菩提하시기를 善男子善女人으로 發阿耨多羅三藐三菩提心者는 當生如是心이니 我應滅度一切衆生하되 滅度一切衆生已하여는 而無有一衆生도 實滅度者니라.)

위없이 바른 깨달음을 얻겠다는 마음을 품은 자는 어디에 머물며 어떻게 그 마음을 부려야 하는가? 이와 같은 수보리의 질문에 세존은 대답한다. 우선 일체 중생을 멸도滅度(생사를 없애어 열반에 이르게 함)하리라는 마음을 내어야 한다. 그리하여 일체 중생을 멸도하고서는 한 중생도 멸도한 바 없다고 해야 한다.

무슨 말인가? 자기를 먼저 멸도한 뒤에 남을 멸도하는 것이 바른 순서 아닐까? 그런데 우선 일체 중생을 멸도하리라는 마음을 내라니? 일체 중생을 멸도하는 일이 곧 자기의 멸도를 이루는 일이라는 뜻이겠다.

"《대열반경大涅槃經》에 이르기를, 스스로 아직 건너지 못하고서 먼저 남을 건네준다(自未得度先度他)고 했다. 또 참법懺法에 이르기를, 먼저 중생을 건네준 뒤에 부처를 짓는다(先度衆生然後作佛)고 했다. 그러므로 일체 중생을 멸도함이 우리 부처의 마땅히 할 바다. 그러지 아니하면 물物(상대)을 끊어 버리는 것인데 또한 어찌 부처를 짓겠는가?"(陣雄)

예수님이 먼저 세상을 구원하리라는 마음을 내지 아니하셨더라면 예수 그리스도라는 존재는 있지 않았을 것이다. 중생이 없는데 어찌 부처가 있겠는가? 중생은 부처가 구원할 대상이면서 부처를 존재하게 하는 바탕이다.

스스로 깨닫고자 하는 자는 중생을 깨달음으로 이끌고자 하는 마음에 늘 머물러 있어야 한다. 그의 중생에 자기 자신이 들어 있음은 말할 것도 없다.

이렇게 중생을 멸도한 뒤에는 한 중생도 멸도한 바 없음을 또한 알아야 한다. 그 마음에 자기가 누구를(자기도 포함하여) 멸도했다는 생각이 남아 있으면 안 된다. 깨달음이란 모르던 것을 알게 되는 것이 아니라 알고 있는 것을 아는 것이기 때문이다. 중생은 멸도 이전이나 이후나 건너편 언덕에 있다. 거기밖에는 다른 현장現場이 없기 때문이다.

사람이 구원을 받는다는 것은 지금 여기에서 어디 다른 곳으로 가는 게 아니라 다른 때 다른 곳에 있다가 유일한 현실인 지금 여기로 돌아오는 것이다. 여기서 말하는 다른 때 다른 곳도 사실은 없는 것이다. 그것은 그림자와 같다. 있어 보이지만 실은 없다.

광기의 입술에 매달려 살아 왔다.
까닭을 알고 싶어서
문을 두드렸다. 문이 열리자,
나는 안에서 두드리고 있었다.(Rumi)

그렇다. 문은 있지만 바깥은 없는 곳이 해탈의 세계요 하느님의 나라다.

"마음이 마음을 깨끗하게 한다. 이밖에 다른 법이 없다. 이것이 곧 참부처님(眞佛)이다. 부처와 중생은 하나의 마음이요 서로 다르지 않으니 아무것과도 섞이지 않고 더럽혀지지 않는 허공과 같다. 커다란 해가 천하를 두루 비추는 것과 같아서, 해가 뜨면 밝음이 천하에 가득하되 허공이 더욱 밝아지지는 아니하고, 해가 지면 천하에 어둠이 가득하되 허공이 더욱 어두워지지는 않는다. 명암의 경계가 서로 엇갈려 바뀔 뿐이요 허공의 성性은 확연불변廓然不變이니, 부처와 중생이 이와 같다."(黃蘗禪師)

어째서 그러한가? 수보리여. 만약 보살이 아상, 인상, 중생상, 수자상을 지녔으면 곧 보살이 아니다. 그 까닭이 무엇인가? 수보리여. 실로 법 없이 아누다라삼먁삼보리심을 내기 때문이다.

(何以故오, 須菩提여. 若菩薩이 有我相人相衆生相壽者相이면 卽非菩薩이니라. 所以者가 何오, 須菩提여. 實無有法하여 發阿耨多羅三藐三菩提心者니라.)

🔔

만약에 보살이, 내가 누구를 멸도하였다고 한다면 이는 네 가지 상(四相)에 잡혀 있는 것이다. 그렇다면 그는 보살이 아니다. 보살은 내가 없음을 아는 사람인데, 없는 내가 누구를 멸도했다고 하겠는가?

여기 법이 없다(無有法)는 말은 아·인·중생·수자가 따로 없다는 말이다. 그런 것이 있어서 아누다라삼먁삼보리심을 내는 것이 아니다. 위없이 바른 깨달음이란 그런 것을 얻을 자가 따로 어디에 있지 아니함을 깨닫는 것이다.

수보리여, 그대 생각은 어떠한가? 여래가 연등 부처님 계신 곳에 법이 있어서 아누다라삼먁삼보리를 얻었겠느냐? 아닙니다. 제가 부처님 말씀하신 뜻을 이해하기에는, 부처님께서는 연등 부처님 계신 곳에 법 없이 아누다라삼먁삼보리를 얻으셨습니다.

　(須菩提여, 於意云何오. 如來가 於然燈佛所에 有法하여 得阿耨多羅三藐三菩提不아. 不也니이다. 如我解佛所說義컨대 佛이 於然燈佛所에 無有法得阿耨多羅三藐三菩提니이다.)

🕯

　연등 부처님은 석가모니 부처님의 스승이다.
　여래가 수보리에게 말씀하신다. "내가 만약에 연등 부처님 계신 곳에서 법을 지니고 무상정등각無上正等覺을 얻었다면 그것을 무상정등각이라고 할 수 없으리라."

부처님께서 말씀하시기를, 그러하다, 그러하다. 수보리여. 실로 법 없이 여래가 아누다라삼먁삼보리를 얻었다. 수보리여, 만약 법이 있어서 여래가 아누다라삼먁삼보리를 얻었다면 연등 부처님이 나에게 그대가 내세에 마땅히 부처를 지어 이름을 석가모니라 하리라고 예언하시지 않았으리니 실로 법 없이 아누다라삼먁삼보리를 얻었다. 그런 까닭에 연등 부처님이 나에게 예언하시며 이르시기를, 그대가 내세에 마땅히 부처를 지어 이름을 석가모니라 하리라고 하신 것이다.

(佛言하시기를 如是如是로다. 須菩提여. 實無有法하여 如來가 得阿耨多羅三藐三菩提니라. 須菩提여, 若有法하여 如來가 得阿耨多羅三藐三菩提者면 然燈佛이 卽不與我授記하기를 汝於來世에 當得作佛하여 號釋迦牟尼니 以實無有法하여 得阿耨多羅三藐三菩提니라. 是故로 然燈佛이 與我授記하고 作是言하시기를 汝於來世에 當得作佛하여 號釋迦牟尼라 하시니라.)

🛆

내가 무엇을 깨달았다고 말하면 법이 있어 깨달은 것이므로

(깨달은 '나'가 따로 있으므로) 아직 온전한 깨달음이 아니다. 그러나 깨달은 자가 없다면 깨달음인들 어디 있으랴?

내가 깨달았다고 하되, 그 '나'가 누구냐가 문제다.

"석가釋迦의 뜻은 능인能人이고, 모니牟尼의 뜻은 적묵寂默이다. 능인이기에 심성무변心性無邊하여 모든 것을 끌어안고, 적묵이기에 심체본적心體本寂하여 동정動靜이 어지럽지 않다. 석가께서 주周나라 소왕昭王 24년, 갑인년 4월 8일 어머니의 옆구리에서 태어나 스스로 일곱 발짝을 걸어 오른손을 들고 '천상천하유아독존天上天下唯我獨尊'이라 사자후獅子吼를 토하니 아홉 마리 용이 공중에서 청정수淸淨水를 토하여 태자太子의 몸을 씻었다. 이름을 싯다르타라고 했는데 돈길頓吉이란 뜻이다. 목왕穆王 53년, 임신년 2월 15일 구시라국 대성大城 보리수 나무 사이에서 숨을 거두니 세존이 세상에 머문 지 79년이었다."
(王日休)

만법萬法이 본디 공空이다. 만약에 어떤 법이 있어서 그 법을 가지고 무엇을 얻었다고 한다면, 이는 아직 상相을 잡고 있는 것이요 그 마음이 무엇에 얽매여 있는 것이다. 부처님이 어찌 그렇게 깨달으셨겠는가?

문간에 서 있는 나무를 깊이 생각한다.

새들로 하여금 깃들게 하는데
오는 자 무심코 받아들이고
가는 자 다시 오길 바라지 않는다.
사람 마음이 저 나무 같기만 하다면
길에서 벗어나지 않으련만.

(深念門前樹 能令鳥泊棲

來者無心喚 去者不慕歸

若人心似樹 與道不相違―龍牙和尙)

어째서 그러한가? 여래如來란 곧 모든 법이 여여如如하다는 뜻이기 때문이다.

(何以故오. 如來者卽諸法如義니라.)

한 바탕에서 나온 것들이 나와서는 비록 서로 다르게 보이지만 바탕으로 돌아가면 하나다. 그래서, 그렇고 또 그렇다. 아닌 게 없다.

여래는 존재하는 모든 것의 바탕이다. 바탕이니 그게 다 그거다. 그래서 여여如如라고 한다.

도道란 무엇인가? 바탕으로 돌아가는 것, 그것이 도의 움직임(動)이라고 했다.

아주 고요한 마음으로 잘 보면 보인다. 정처 없이 날아다니는 먼지들도 결국은 제가 떠난 자리로 돌아가고 있는 것이다.

흙에서 나온 것들이 흙으로 돌아가지 않는 것을 보았는가? 보았는가?

만약에 어떤 사람이 말하기를 여래가 아누다라삼먁삼보리를 얻었다고 한다면 수보리여, 실로 법 없이 부처가 아누다라삼먁삼보리를 얻었으니 수보리여, 여래가 얻은 바 아누다라삼먁삼보리는 그 가운데가 차 있지도 않고 비어 있지도 않다. 그래서 여래가 말하기를 모든 법이 다 부처의 법이라고 했거니와 수보리여, 모든 법이라고 말한 것이 모든 법이 아니요 그런 까닭에 이름하여 모든 법이라고 하였다.

(若有人이 言하기를 如來가 得阿耨多羅三藐三菩提면 須菩提여 實無有法하여 佛得阿耨多羅三藐三菩提니 須菩提여 如來所得阿耨多羅三藐三菩提는 於是中에 無實無虛니라. 是故로 如來가 說一切法이 皆是佛法이라 하거니와 須菩提여 所言一切法이 卽非一切法이요 是故로 名一切法이니라.)

                🕯

  온 우주가 텅 비어 있음(虛)으로 가득 차(實) 있다. 그러면 우주는 차 있는 것인가 비어 있는 것인가? 둘 다다.

  모든 것이 '마음'에서 나왔다. 마음은 보이지도 않고 잡히지도 않는다. 저 빛과 같다. 빛은 인간의 감각으로 미칠 수 없는 실체다.

감각의 대상으로 될 수 있는 실체가 없음이 곧 마음의 실체다. 텅 비어 있음이 바로 가득 차 있음이다. 어떤 사람은 '그것(마음)'을 '순수 의식pure awareness'이라고 부른다.

"물론 '영靈의 이야기'에는 시작도 끝도 없지만 나는 내 마음대로 맨 처음에 우리가 단순히 순수 의식pure awareness(순수한 깨어 있음)이었다고 말하는 것으로 시작하고자 한다. 순수 의식이라는 말을 쓰기는 하지만 정확하게 그것을 서술할 수 있는 단어가 영어에는—아마 다른 언어에도—없다. 기껏 내가 할 수 있는 말은, 그것이 동시에 모든 것everything이며 아무것도 아니라는nothing 것이다. 그것은 어디에도 없으면서 어디에나 있고 형태가 없으면서 모든 형태를 다 지니고 있다. 순수 의식은 영soul을 초월해 있는데 그런데도 모든 영들souls이 그것의 부분이다. 그것을 일컬어 신God이라고 부를 수도 있다. 또한 아직 물질계에 형태를 갖추고 나타나지 않은 '내재현현內在顯現(the immanent manifest)'이라고 말할 수도 있다."(Ram Dass)

우리가 '그것'의 이름을 부를 수 없음은 당연한 일이다. 모르기 때문이다. 부분은 제가 그것의 부분인 전체의 이름을 결코 알 수 없다. 그러나 내가 부분이라는 사실을 앎으로써 전체의 존재를 또한 알 수 있다. 그래서 사람은 신을(신이라는 호칭으로 부르는 '그것'을) 알 수 없으면서 모를 수 없는 것이다.

내가 여기 있는 것이 분명한 만큼 내 안에 불성佛性이 있음 또한 분명하다.

그림자에 속지 말아라.
있는 듯이 보이지만
실은 없는 것이다.
그러나, 그림자를
업신여기지 말아라.
그늘을 아니 밟고서
어느 열매인들 손에 넣으랴?

그늘을 밟지 않고서는 나무에 닿을 수 없다. 허상을 외면하고서는 아무도 실체에 이를 수 없다.

그래서 모든 법이 다 부처의 법이다. 그러나 '모든 법'이라는 게 따로 있는 줄 알면 속는 것이다. 그것은 보이지 않는 실체를 가리키는 보이는 그림자다. 그래서 '모든 법'이 아니라 '모든 법이라는 이름'이다.

우리 눈에 보이는 만물이 허상임을 알았거든 이제 그것을 우습게 여기지 말고 오히려 그것을 밟아 보이지 않는 실체에 이를 것이다. 그늘이 있는 바로 그 자리에 나무가 서 있게 마련이니, 멀리 갈 것 없다. 선 자리에서 부처가 되지 못하면 달리 부처 될 길이 없다.

수보리여, 비컨대 사람 몸이 큰 것과 같다. 수보리가 여쭈기를, 세존이시여, 여래께서 사람 몸이 크다고 하셨지만 큰 몸이 아니요 큰 몸이라고 부르신 것입니다.

(須菩提여. 譬如人身長大니라. 須菩提가 言하기를 世尊이시여 如來가 說人身長大나 卽爲非大身이요 是名大身이니이다.)

🔔

사람의 몸이 과연 큰가? 개미한테 견주면 크다. 그러나 코끼리한테 견주면 크지 않다. 사람 몸은 큰 것도 아니고 작은 것도 아니다.

그러나 이 말은 사람의 몸을 눈에 보이는 색신色身으로만 볼 때 그러하다. 사람의 몸은 색신이면서 동시에 법신法身이다. 법신에는 크기가 없다. 그래서 크다고 말하는 것이다.

"색신에는 상相이 있다. 그래서 큰 몸이 아니다. 법신에는 상이 없다. 광대무변廣大無邊이다. 그래서 큰 몸이라고 부른다."
(李文會)

수보리여, 보살이 또한 이와 같다. 그가 만약에 말하기를 내가 마땅히 헤아릴 수 없이 많은 중생을 멸도하리라고 한다면 그를 보살이라고 부를 수 없으니 어째서 그러한가? 수보리여, 실로 아무 법이 없는 사람을 보살이라고 부르기 때문이다. 그러므로 부처가 설한 모든 법이 나도 없고 남도 없고 중생도 없고 목숨도 없다.

(須菩提여, 菩薩이 亦如是라, 若作是言하기를 我當滅度無量衆生이면 卽不名菩薩이니 何以故오, 須菩提여, 實無有法을 名爲菩薩이니라. 是故로 佛說一切法이 無我無人無衆生無壽者니라.)

🛕

부처님의 가르침에 나·남·중생·목숨 따위가 없는 까닭은 그의 가르친 바 내용 자체가 그런 것들이 따로 없다는 것이기 때문이다.

"중생이라고 하는 것이 본디 없거늘 어찌 중생을 깨우치는 자가 있겠는가?"(王日休)

내가 중생을 구원하겠다고 말하는 순간 그는 자기와 중생을 떨어뜨려 놓는다. 그러므로 그는 보살이 될 수 없다. 보살이란 자기와 남이 하나임을 몸으로 알고 그렇게 살아가는 사람이다.

그래서 예수님도, 당신 몸에 손을 대어 병 고침을 받은 자들에게 내가 너를 고쳤다고 말씀하시지 않고 "네 믿음이 너를 고쳤다"고 하셨다.

수보리여, 만약에 보살이 말하기를 내가 마땅히 부처님 땅을 아름답게 꾸미리라고 한다면 그를 보살이라고 부를 수 없다. 어째서 그러한가? 여래가 설하기를, 부처의 땅을 아름답게 꾸미는 것은 아름답게 꾸미는 것이 아니요 아름답게 꾸민다고 이름 지은 것이라 하셨기 때문이다.

(須菩提여 若菩薩이 作是言하기를 我當藏嚴佛土면 是不名菩薩이니라. 何以故오, 如來가 說하기를 藏嚴佛土者는 卽非莊嚴이요 是名莊嚴이니라.)

🛆

사람이 부처님(하느님)을 영광스럽게 할 수 있는가? 그런 일은 있을 수 없다. 아무리 횃불을 밝게 해도 그 빛으로 태양 빛을 더욱 밝게 할 수는 없는 일이다.

그래도 사람은 마땅히 부처님(하느님)을 영광스럽게 해 드려야 한다. 자식이 상을 받으면 그 아비가 빛나듯이, 아름답고 진실한 행동으로 그렇게 해야 한다.

사람이 햇빛의 영광을 위하여 할 수 있는 일은 스스로 투명한 존재로 되어 그늘을 만들지 않는 것이다. 무아의 경지에 오르는 것, 그것이 모든 인간의 마지막 목표다.(그가 그것을 알고 있든 모르고 있든.)

"정혜定慧의 보寶로써 마음의 불토佛土를 아름답게 꾸미는 사람이 보살이다. 그는 자기의 공功을 이야기하지 않아서 사람들이 그 자취를 보지 못한다. 금주金珠의 보寶로써 세간의 불토를 아름답게 꾸미는 사람은 범부다. 언제나 사람들이 알아주기를 바라서 자기의 공을 스스로 떠들어댄다. 《문수반야경文殊般若經》에 이르기를, 일체 중생을 위하여 대장엄大莊嚴을 내되 마음으로 장엄의 상相을 드러내지 않는다고 하였다. 보살이 이와 같으니 어찌 그 공을 스스로 말하랴? 만약에 내가 부처님 땅을 아름답게 꾸민다고 말한다면 이는 네 가지 상(四相)이 아직 없어지지 않은 것이므로 범부의 견해일 뿐이다. 어떻게 그를 보살이라고 부를 수 있겠는가?"(陳雄)

수보리여, 만약에 보살이 '나' 없는 법에 통달하면 여래가 저를 참된 보살이라고 이름 지어 부른다.

(須菩提여, 若菩薩이 通達無我法者면 如來가 說名眞是菩薩이니라.)

🛆

내가 없다(無我)는 말은 전체에서 분리된 독자적 자아라는 것이 없다는 뜻이다. 모든 것이 인연에 따라서 있다가 없다가 하는 것인데 어디에 독립된 실체가 있겠는가?

이 진실을 깨쳐 통달한 사람, 머리로 아는 게 아니라 몸으로 그렇게 살아가는 사람이 진정한 보살이다.

18

수보리여, 그대 생각은 어떠한가? 여래에게 육안肉眼이 있는가? 그렇습니다, 세존이시여. 여래에게 육안이 있으십니다. 수보리여, 그대 생각은 어떠한가? 여래에게 천안天眼이 있는가? 그렇습니다, 세존이시여. 여래에게 천안이 있으십니다. 수보리여, 그대 생각은 어떠한가? 여래에게 혜안慧眼이 있는가? 그렇습니다, 세존이시여. 여래에게 혜안이 있으십니다. 수보리여, 그대 생각은 어떠한가? 여래에게 법안法眼이 있는가? 그렇습니다, 세존이시여. 여래에게 법안이 있으십니다. 수보리여, 그대 생각은 어떠한가? 여래에게 불안佛眼이 있는가? 그렇습니다, 세존이시여. 여래에게 불안이 있으십니다.

(須菩提여, 於意云何오. 如來有肉眼不아. 如是니이다, 世尊이시여. 如來有肉眼이니이다. 須菩提여, 於意云何오. 如來有天眼不아. 如是니이다, 世尊이시여. 如來有天眼이니이다. 須菩提여, 於意云何오. 如來有慧眼不아. 如是니이다, 世尊이시여. 如來有慧眼이니이다. 須菩提여, 於意云何오. 如來有法眼不아. 如是니이다, 世尊이시여. 如來有法眼이니

이다. 須菩提여, 於意云何오. 如來有佛眼不아. 如是니이다, 世尊이시여. 如來有佛眼이니이다.)

🛆

 아무개에게 '눈이 있다'는 말은 그가 무엇을 알아본다는 말이다. 똑같은 골동품을 보아도 눈이 있는 사람만 그 물건됨을 알아본다. 눈이 없으면 보면서 보지 못한다.
 그러면 그 '눈'을 어떻게 얻을 것인가? 골동품을 알아보는 눈을 얻으려면 다른 길이 없다. 그것을 볼 줄 아는 사람한테서 배워야 한다. 그리고 무엇보다 중요한 것은 골동품을 보고 보고 또 보아야 한다. 음악을 듣는 귀도 마찬가지다. 베토벤의 음악을 알아듣는 귀가 없으면 베토벤을 감상할 수 없고, 베토벤을 듣고 듣고 또 듣지 않으면 그 '귀'를 얻을 수 없다.
 부처님에게 다섯 가지 눈이 있다는 말은 중생에게도 다섯 가지 눈이 있다는 얘기다. 다만 부처님과 중생의 다른 점은, 부처님은 있는 눈을 떠서 보고 중생은 있는 눈을 뜨지 못해서 보지 못하는 데 있다. 눈이 있어도 멀었으면 없는 것과 마찬가지다.
 눈으로 무엇을 본다는 것은 보는 자와 보이는 것 사이에 아무 막힘이 없어서 '하나'를 이룬다는 얘기다. 내가 저 돌멩이를 보는 순간 돌과 나는 서로 통하여 하나로 된다. 내가 돌을 보는 동안 돌도 나를 본다. 벽에 창을 뚫으면 그 창을 통해 방 안과 방 바깥이 서로 통하여 하나를 이룬다. 눈은 창과 같다. 눈이 맑다는 말은 눈에 아무 다른 것이 섞여 있지 않다는 말이다. 맑은 눈이 곧 밝은 눈이다.

육안肉眼에 대하여는 따로 설명할 것 없겠고, 천안天眼은 하늘의 눈이다. 온 세상을 한꺼번에 두루 보아 빠뜨리는 것이 없다. 육안은 하나의 관점을 지니지만, 천안은 모든 관점을 동시에 지닌다. 육안으로는 앞을 보면서 뒤를 동시에 볼 수 없다. 뒤를 보려면 돌아가거나 돌리거나 해야 한다. 그러나 천안은 앞뒤 위 아래를 함께 본다. 사람이 천안을 얻으면 만물을 공평무사公平無私로 보게 될 것이다.

혜안慧眼은 지혜의 눈이다. "지혜의 불꽃이 언제나 밝은 것"을 혜안이라고 했다.(顔丙) 무엇을 지혜롭게 본다는 것은 순리대로 밝게, 있는 그대로 본다는 말이다. 지혜로운 자만이 지혜롭게 본다. 어리석은 자는 어리석게 본다. 열심히 보지만 있는 대로 보지 못한다. 혜안은 꿰뚫어 보는 눈이다. 대상의 속에 들어가서 대상을 본다. 사람이 혜안을 얻으면 아무데서도 속지 않는다.

법안法眼은 진리의 눈이요, 진리를 보는 눈이다. 개구리를 보면서 개구리를 통하여 진리를 본다. 우주의 이치를 본다. 사람을 보면서 사람을 통하여 존재의 법(길)을 본다. 이 말은 공空을 본다는 말과 같다. 제법諸法이 모두 공이기 때문이다. "제법이 공임을 깨닫는 것(了諸法空)"을 법안이라고 했다.(顔丙)

불안佛眼은 부처의 눈이다. "성性을 밝게 꿰뚫어 보아 보는 자와 보이는 것을 영원히 없애는 것(見性明徹, 能所永除)을 이름하여 부처님 눈이라고 한다."(六祖) 보는 자와 보이는 자를 없앤다는 말은, 내가 꽃을 볼 때 나도 없고 꽃도 없다는 말이다. 다만 봄seeing이라는 의식意識이 있을 뿐이다. 그것을 '마음'이라고 부르기도 한다. 사람이 부처의 눈을 얻으면 모든 것에서 부처만 보게 될 것이다. 왜냐하면 천상천하에 부처 아닌 것이 없기 때문이다.

"모든 범부가 다섯 가지 눈을 갖추고 있으나 마음이 어둠으로 덮여 있어서 스스로 보지를 못한다. 어두운 마음과 헛된 생각만 없애면 예장翳障(그늘과 장애)을 멸하여 다섯 눈이 밝게 떠질 것이다."(李文會)

여래에게는 다섯 눈이 있고
우리한테는 한 쌍이 있을 뿐이나
흑백을 분간하고

청황을 가려 보기는 일반이로다.
둘 사이에 조금 다른 점이 있다면
오뉴월 땡볕에 눈서리렷다.

(如來有五眼 張三秪一雙

一般分皁白 的的別靑黃

其間些子爻訛處 六月炎天下雪霜―川禪師)

오뉴월 땡볕에 눈이 내리면 어찌 되겠는가? 내리면서 자취 없이 사라진다. 중생의 눈은 잔상殘像이 남아 있어서 눈앞에 있는 것을 있는 그대로 보지 못하지만, 부처님의 눈은 보면서 자취가 사라져 언제나 맑고 그래서 무엇을 보아도 그 참모습을 본다.

예수님이 세상에 오신 목적은 "못 보는 사람은 보게 하고 보는 사람은 눈멀게 하려는 것"(《요한》 9: 39)이었다.

우리가 그의 도움을 받아 무엇을 제대로 보고자 한다면 먼저 우리 자신이 '못 보는 자'임을 고백해야 한다. 내가 스스로 본다고 말하면, 바로 그것이 우리의 눈을 멀게 하는 것이므로, 우선 그 눈부터 멀어야 한다.

번뇌가 없으면 열반이 없다. 우리가 어둠 속에 있지 않고서야 어찌 밝은 세상으로 나갈 것인가? 중생의 어리석음을 원망할

게 아니라 그것을 고마운 발판으로 삼을 일이다. 아아, 맑은 눈으로 보고 지고, 보고 지고! 아침에 그 눈을 뜨면 저녁에 숨이 져도 좋으리.

수보리여, 그대 생각은 어떠한가? 저 갠지스 강에 모래알이 있는데 부처가 그 모래알을 설한 바 있느냐? 그렇습니다, 세존이시여. 여래께서 모래알을 설하셨습니다. 수보리여, 그대 생각은 어떠한가? 그 갠지스 강의 모래알만큼 갠지스 강이 있고 그 모든 갠지스 강의 모래알만큼 부처의 세계가 있다면 과연 많다고 하겠느냐? 매우 많습니다, 세존이시여.

(須菩提여, 於意云何오. 如恒河中所有沙를 佛이 說是沙不아. 如是니이다, 世尊이시여. 如來說是沙니이다. 須菩提여, 於意云何오. 如一恒河中所有沙에 有如是沙等恒河하고 是諸恒河所有沙數佛世界어든 如是寧爲多不아. 甚多니이다, 世尊이시여.)

많다! 매우 많다. 하도 많아서 수를 헤아릴 수 없다. 그러나 많다고 말할 수 있는 것은 정말로 많은 것이 아니다.

부처님이 수보리에게 이르시기를, 그 나라들 가운데 사는 중생이 천 가지 마음을 지녔다 해도 여래는 그 마음을 모두 안다.

(佛이 告須菩提하시되 爾所國土中所有衆生이 若干種心이라도 如來悉知니라.)

강변의 모래알 수만큼 많은 강의 모래알만큼 많은 세계의 모든 중생이 저마다 천 가지 만 가지 다른 마음을 품는다. 그래도 여래는 그 모든 마음을 안다. 제가 저를 아는 것이니 신통할 것도 기이할 것도 없는 일이다.

여래가 사람의 마음 마음을 모두 안다 함은, 비유하자면 나무가 나무의 모든 가지와 잎을 아는 것과 같다.

부분은 헤아릴 수 없이 많지만 전체는 오직 하나뿐이다.

마음이란 인연에 따라서 생겼다가 사라지는 것. 마음이라는 체體가 어디 따로 있는 것이 아니다. 그러기에 마음이 아니라 마음이라는 이름이 있을 따름이다.

어째서 그러한가? 여래가 마음을 설했지만 모두가 마음이 아니요 그것을 이름하여 마음이라고 한 것이기 때문이다.

(何以故오. 如來가 說諸心이나 皆爲非心이요 是明爲心이니라.)

🔔

'하나'를 잡으면 모두를 잡은 것이다. 전체와 연결되어 '하나'로 되지 않은 개체란 없기 때문이다.

마음 마음이 서로 떨어져 따로 존재한다면 여래인들 어찌 그 모든 마음을 다 알겠는가?

건물마다 방이 있고 방마다 서로 다른 천 가지 만 가지 공기를 지니고 있지만 우주에 하나뿐인 공기에서 분리되어 동떨어진 공기는 없는 것이다.

그 까닭이 무엇인가? 수보리여. 지난날의 마음을 얻을 수 없고 지금 있는 마음을 얻을 수 없고 오지 않은 마음을 얻을 수 없기 때문이다.

(所以者何오, 須菩提여. 過去心을 不可得이요 現在心을 不可得이요 未來心을 不可得이니라.)

🕯

마음은 공간으로도 나뉠 수 없고 시간으로도 나뉠 수 없다. 나뉠 마음도, 나눌 공간·시간도 따로 없기 때문이다.

과거 현재 미래에 걸쳐 마음을 구하지만
마음은 보이지 않고
두 눈이 두 눈으로 두 눈을 마주 본다.
칼을 물에 빠뜨리고
배에다가 그 빠뜨린 곳을 새겨 두지 말지니
눈·달·바람·꽃이 언제나
그 얼굴을 드러내도다.

(三際求心心不見 兩眼依然對兩眼

不須遺劒刻舟尋 雪月風花常見面 ―川禪師)

사람마다 하루에도 수만 가지로 품는 마음들이 그게 모두 헛된 마음(忘心)이다. 인연 따라 있다가 없어지는 물거품과 같은 것들이기 때문이다.

 그 모든 마음을 있게 하는 '마음'이 있다. 그런데 그 마음도 사실은 없는 마음이다. 모든 것을 있게 하면서 저는 없다.

 만물이 그 '없이 있는' 마음의 얼굴이다.

 그래서 어쩌란 말인가? 있지도 않은 마음에 사로잡혀 꺼둘리지 말라는 얘긴가?

 "언제나 참마음(眞心)에 머물면 그것이 곧 참된 성품(眞性)이다. 이로써 헤아릴 수 없이 많은 세월이 오고 오지만 언제나 일정하여 변동이 없으니 과거·미래·현재가 어찌 있으랴? 만약에 과거·미래·현재가 따로 있다고 생각한다면 이는 헛된 생각(忘想)이다. 앞에 말한 세 마음(과거심, 미래심, 현재심)이 바로 그것이다. 배불리 먹어서 먹고 싶지 않으면 이는 먹고 싶은 마음이 아직 오지 않은(未來) 것이요, 배가 고파서 먹고 싶으면 이는 먹고 싶은 마음이 지금 있는(現在) 것이요, 식사를 끝내고 수저를 놓으면 이는 먹고 싶은 마음이 지나간(過去) 것이다. 이 모든 마음이 일로 말미암아 일어났다가 일이 지나가면 사라지니 그래서 헛된 생각인 것이다. 얻을 수 없다는 말은 그게 본디 없다는 말이다. 이 세 마음이 본디부터 없고 다만 일로 말미암아

있을 따름임을 말한 것이다."(王日休)

"묘길상보살妙吉祥菩薩이 한 사람을 보았는데 그가 말하기를, 내가 살생의 업을 지었으니 반드시 지옥에 떨어질 터인즉 어떻게 해야 구원을 받을 것인가? 보살이 곧 사람으로 몸을 바꾸고 그에게 말하기를, 내가 살생의 업을 지었으니 반드시 지옥에 떨어질 것이다. 앞 사람이 그 말을 듣고서, 나 또한 그러하다고 말하매 사람으로 몸을 바꾼 보살이 이르기를, 오직 부처님이 구할 수 있다, 하고 함께 가서, 사람으로 몸을 바꾼 보살이 부처님께 아뢰기를, 제가 살생의 업을 지어 지옥에 떨어질까 두렵사오니 바라건대 부처님께서 살려 주소서. 부처님이 곧 그에게 말씀하시기를, 네가 살생의 업을 지었다고 했는데 어느 마음으로 그 업상業相을 일으킨 것인가? 과거인가, 미래인가, 현재인가? 만약에 과거심으로 일으켰다면 과거가 이미 없어졌으므로 그 마음을 얻을 수 없고, 미래심으로 일으켰다면 미래가 아직 오지 아니하였으니 그 마음을 얻을 수 없고, 현재심으로 일으켰다면 현재가 머물러 있지 않으니 그 마음을 얻을 수 없다. 과거·현재·미래를 모두 얻을 수 없으니 그런 까닭에 아무것도 일어난 바 없고 아무것도 일어난 바 없으니 그런 까닭에 어디에서 죄상罪相을 찾겠느냐? 착한 사람아, 마음이란 어디에도 머무는 곳이 없고, 안에도 밖에도 중간에도 있지 않고, 마음에는 모양이 없고, 푸르지도 누렇지도 붉지도 희지도 않은 것이 마음이다. 마음에는 조작造作이 없으니 이는 지어내는 자(作者)가 없기 때문이요, 마음은 허깨비가 아니니 이는 본디 참되고 알찬(眞實) 때문이요, 마음에는 가장자리가 없으니 이는 한량限量이 없기 때문이요, 마음은 잡지도 버리지도 아니하니 이는 좋아함과 싫어함이 없기 때문이요, 마음은 바뀌어 움직이지 않으니 이는 나지도 죽지도 않기 때문이요, 마음은 허공과 같으니 이는 장애가 없기 때문이요, 마음은 더럽고 깨끗하고가 없으니 이는 모든 헤아림(數)을 여의었기 때문이다. 착한 사람아, 이와 같이 보는 자는 모든 법法 가운데서 마음을 구하지만 얻을 수 없다. 어째서 그러한가? 마음의 자성自性이 곧 모든 법의 성(法性)이요 모든 법이 공하니 이것이 곧 참되고 알찬(眞實) 성性이기 때문이다. 이와 같은 뜻에서 이제 너는 마땅히 헛된 두려움을 일으키지 말 것이다. 이때에 사람으로 몸을 바꾼 보살이 부처님 설법을 듣고 곧 부처님께 여쭈기를, 제가 비로소 죄업의 성性이 공임을 깨달아 두려움이 일어나지 않습니다. 그러자 진짜로 살생의 업을 지은 자가 또한 부처님께 아뢰기를, 제가 비로소 죄업의 성이 공임을 깨달아 다시는 두렵다는 생각이 일어나지 않습니다 하였다."(《未曾有經》)

깨달은 자에게는 죄가 없다. 그것을 지은 자가 없기 때문이다. 죄를 지은 자에게도 죄는 없다. 다만 그 흔적과 죄책감이 있을 뿐이다.

들것에 실려 온 중풍 병자에게 예수님은 "내가 네 죄를 용서한다"고 말하는 대신 "너는 죄를 용서받았다"고 말씀하신다.(《루가》 5: 20) 그가 용서를 빌기도 전에 이미 그의 죄는 용서받았다.

"도는 닦을 필요가 없다. 다만 더럽히지 말 것이다. 무엇을 가리켜 더러움이라고 하는가? 생사조작취향生死造作趣向이 있어서 그것들이 더러움이다. 곧장 도를 깨닫고자 한다면, 평상심이 곧 도다. 무엇이 평상심인가? 만들어 내지 않고(無造作) 옳고 그르고가 없고(無是非) 잡고 버리고가 없고(無取捨) 미워하고 좋아하고가 없고(無憎愛) 범인과 성인이 없음(無凡聖)이다. 그래서 경에 이르기를, 범부행凡夫行도 아니고 성현행聖賢行도 아닌 것이 보살행菩薩行이라고 했다."(馬祖)

19

  수보리여, 그대 생각은 어떠한가? 어떤 사람이 있어 삼천대천세계에 가득한 보석으로 널리 베풀었다면 그 사람이 그 인연으로 말미암아 얻는 복이 많겠느냐? 그렇습니다, 세존이시여. 그 사람이 그 인연으로 얻는 복이 매우 많겠습니다. 수보리여, 만약에 복덕이 참으로 있다면 여래가 복덕을 많이 얻었다고 말하지 않았겠으나 복덕이 없는 까닭에 여래가 복덕을 많이 얻었다고 말한 것이다.

  (須菩提여, 於意云何오. 若有人이 滿三千大千世界의 七寶로 以用布施면 是人이 以是因緣으로 得福多不아. 如是니이다, 世尊이시여. 此人이 以是因緣으로 得福이 甚多니이다. 須菩提여, 若福德이 有實이면 如來가 不說得福德多려니와 以福德이 無故로 如來가 說得福德이 多니라.)

                                              🛆

  마음은 없이 있는(없는 것 같은데 있는) 물건이요, 칠보七寶는 있이 없는(있는 것 같지만 없는) 물건이다. 없는 물건으로 널리 베풀어 그 인연으로 복덕을 짓거니와 바탕이 없으니 실實은 없는 것이다. 많아 보일 뿐 많은 것이 아니다.

무엇이 많다고 말하는 것은 그것이 없다고 말하는 것이다.

가장 높은 덕은 덕을 베풀지 않아서 그래서 덕이 있다(上德不德是以有德)고 했다.(《老子》)

"범부는 상相에 머물러 칠보로 보시하며 복리福利를 희구한다. 이것이 곧 헛된 마음(忘心)이라, 얻은 바 복덕이 많다 하나 결코 많은 것이 아니다. 맑고 묘하여 머물지 않는 복과 얻지 않는 덕이 허공과 같아서 가장자리가 없음만 못하다."(李文會)

20

 수보리여, 그대 생각은 어떠한가? 부처를 두루 갖춘 색신色身으로 볼 수 있겠느냐? 볼 수 없습니다, 세존이시여. 여래를 두루 갖춘 색신으로는 볼 수 없으니 어째서 그러한가 하면, 여래께서 말씀하신 두루 갖춘 색신이 두루 갖춘 색신이 아니고 그 이름이 두루 갖춘 색신이기 때문입니다.

 (須菩提여, 於意云何오. 佛을 可以具足色身으로 見不아. 不也니이다, 世尊이시여. 如來를 不應以具足色身으로 見이니 何以故오. 如來가 說하신 具足色身이 卽非具足色身이오 是名具足色身이니이다.)

🛕

 "색신色身이란 부처님의 32상相을 말한다. 두루 갖추었다(具足)는 말은 한 가지도 빠뜨리지 않았다는 뜻이다. 32행行(서른두 가지 수행)을 모두 닦으면 32상을 두루 갖추게 된다. 32행은 법신法身 가운데 그것이 있다. 법신여래法身如來를 보고자 할진대는 제 본심을 알고(識) 제 본성을 보면 족하다. 구태여 두루 갖춘 색신을 보아야 할 이유가 없다. 《단경壇經》에 이르기를, 뼈와 살이 색신이라고 했다. 《화엄경》에 이르기를, 색신은 부처가 아니라고 했다. 이로써 살피면, 육신에 여래가 없으나 살아 있는 여래가 있고, 색신이 법신이 아니나 묘妙한 색신이 있음을 알 수 있다."(陳雄)

거듭 말하게 되지만, 사람이란 여래를 안에 모신 육신이 아니라 육신을 입은 여래다. 보이지 않는 여래가 실實이요 보이는 육신은 허虛다. 두루 갖춘 32상은 완벽한 육신이다. 그러나 아무리 완벽해도 허는 허다. 그것으로 여래를 볼 수는 없다.

여자의 몸에서 난 사람이 아무리 위대해도 하느님 나라에 가면 가장 작은 자보다도 작다고 했다.("여자의 몸에서 태어난 사람 중에 세례자 요한보다 더 큰 인물은 없다. 그러나 하느님 나라에서는 가장 작은 이라도 그 사람보다 크다." ―〈루가〉7:28)

그림자는 분명히 눈에 보이지만 실實은 없는 것이다. 세존의 눈에 보이는 구족색신具足色身도 보이지 않는 법신여래法身如來의 그림자에 지나지 않는다. 세존의 32상을 부처로 보는 것은 소나무 그림자를 소나무로 보는 것과 같은 착각이다.

수보리여, 그대 생각은 어떠한가? 여래를 두루 갖춘 여러 상相으로써 볼 수 있겠느냐? 볼 수 없습니다, 세존이시여. 여래를 두루 갖춘 여러 상으로써 볼 수 없으니 어째서 그러한가 하면 여래께서 말씀하신 두루 갖춘 여러 상이 두루 갖춘 것이 아니요 그 이름이 두루 갖춘 여러 상이기 때문입니다.

(須菩提여, 於意云何오. 如來를 可以具足諸相으로 見不아. 不也니이다, 世尊이시여. 如來를 不應以具足諸相으로 見이니 何以故오. 如來가 說하신 諸相具足이 卽非具足이요 是名諸相具足이니이다.)

🕭

같은 내용을 되풀이하였다.

"한 스님이 조주趙州에게 물었다. '개에게 불성佛性이 있습니까?' 주州가 대답했다. '개한테는 불성이 없다.' 그가 다시 물었다. '벌레들도 영靈이 있고 그것들 모두에게 불성이 있다고 하시더니 어째서 개한테는 없다고 하십니까?' 주가 대답했다. '업식業識(뜻이 생기고 발전하는 다섯 단계의 첫 단계. 眞如의 一心이 無明의 힘에 의하여 처음으로 起動함)을 지닌 자들을 위해서 그렇게 말했다. 무릇 업식을 가진 자들은 종종 유有에 사로잡혀 여러 가지 망상을 일으키는데, 이를 이름하여 거꾸로 뒤집힌 지견(顚倒知見)이라고 한다. 또한 그들은 종종 공에 떨어져 도무지 아무것도 깨닫지 못하는데 이를 이름하여 잘라지고 없어진 지견(斷滅知見)이라고 한다. 오랫동안 선근善根을 지녀 온 사람만이 전도顚倒와 단멸斷滅의 두 가지 병에 걸리지 않아 공의 제 뜻을 밝히 알 수 있으니 이를 이름하여 바르고 참된 지견(正眞知見)이라고 한다. 만약에 이 이치(理)를 깨달아, 때를 좇아서 옷 입고 밥 먹고 거룩한 태胎를 잘 기르며 운運에 맡겨 시절을 보내면 그 밖에 더 무슨 할 일이 있겠느냐?"

21

 수보리여, 그대는 여래가 내 마땅히 법을 설한 바 있다고, 그렇게 생각한다고 말하지 말아라. 그런 생각을 하지 말 것이니 어째서 그러한가? 만약에 사람들이 말하기를, 여래가 법을 설한 바 있다고 한다면 이는 곧 부처를 헐뜯는 짓이려니와 나의 말을 알아듣지 못해서 그러는 것이다. 수보리여, 법을 설한다는 것은 어느 법도 설할 수가 없는 것을 이름하여 법을 설한다고 한 것이다.
 (須菩提여, 汝勿謂如來가 作是念하되 我當有所說法이라 하라. 莫作是念이니 何以故오. 若人이 言如來有所說法이면 卽爲謗佛이려니와 不能解我所說故니라. 須菩提여, 說法者는 無法可說을 是名說法이니라.)

🔔

 시냇물은 흐르는가? 흐른다. 정말 흐르는가? 아니다. 물은 흐르지 않는다. 그냥 물로 존재할 뿐이다. 물은 과연 존재하는가?
 여래는 설법을 했는가? 했다. 정말 했는가? 아니다. 여래 스스로 법을 설한 바 없다고 했다. 그러면 여래는 과연 설법을 하지 않았는가?

지상에서 인간이 확실하게 말할 수 있는 단어는 '아니다'가 있을 뿐이다. '……이다'라고 말하는 순간 이미 '아니다.'

"마음이 이미 깨끗하고 맑으니 말과 침묵이 다 같은 것이다. 인연을 만나면 곧 베풀고 인연이 흩어지면 곧 고요해질 뿐."(李文會)

거울에 얼굴을 비쳐 본다. 거울이 내 얼굴을 비친 것인가? 아니면 내 얼굴이 거울에 비쳐진 것인가? 어느 쪽을 말해도 되지만 어느 쪽만 말해서는 안 된다. 단정 자체가 본디 있을 수 없는 것이기 때문이다.

《금강경》 전체가 끊임없는 우상 부수기다. 생각도 굳어지면 얼마든지 우상이다.

그때에 혜명 수보리가 부처님께 여쭙기를, 세존이시여, 자못 중생이 미래 세상에서 이 가르침을 듣고 믿음을 내겠습니까? 부처님이 이르시기를, 수보리여, 그는 중생이 아니며 중생 아닌 것도 아니다. 어째서 그러한가? 수보리여, 중생, 중생이라 하나 여래는 중생 아닌 것을 중생이라 이름 하였다고 설하였다.

(爾時에 慧命須菩提가 白佛言하기를, 世尊이시여 頗有衆生이 於未來世에 聞說是法하고 生信心不이리이까. 佛言하시되 須菩提여, 彼非衆生이며 非不衆生이니 何以故오. 須菩提여 衆生衆生者라 하나 如來說非衆生을 是名衆生이니라.)

수보리의 질문은, 과연 미래 세상에서 중생이 부처님 설법을 듣고 믿겠느냐는 것인데 부처님 대답이 엉뚱하다. 미래에 중생이 믿음을 낼 것이다, 아니다로 대답하는 대신에 네가 말하는 중생이라는 게 그게 중생이 아닌 것을 중생이라고 부르는 것이라는 설명 쪽으로 방향이 틀어졌다.

미래에 무엇이 어찌 될 것인지를 묻는 것은 쓸데없는 호기심에 지나지 않는다. 왜냐하면 부처에게는 '미래'라고 하는 것이

'과거'와 마찬가지로 '없는 것'이기 때문이다. 있지도 않은 미래에 일어날 일을 생각하는 것은 깨달음의 길에 다만 방해가 될 뿐 아무 보탬이 되지 않는다. 그래서 부처님은 질문 자체를 못 들은 것으로 치고 제자의 눈길을 다른 데로 돌린다. 부답不答으로 정답正答을 내리신 것이다.

"베드로가 돌아다보았더니 예수의 사랑을 받던 제자가 뒤따라오고 있었다.…… 그 제자를 본 베드로가 '주님, 저 사람은 어떻게 되겠습니까?' 하고 예수께 물었다. 예수께서는 '내가 돌아올 때까지 그가 살아 있기를 내가 바란다고 한들 그것이 너와 무슨 상관이 있느냐? 너는 나를 따라라' 하고 말씀하셨다."
(〈요한〉 21 : 20~22)

예수님도 한눈파는 제자에게, 시선을 거두어 유일한 현실인 지금 여기로 돌아오라 이르신다.

혜명慧命은 '지혜로운 노인'이라는 뜻으로 새긴다. 명命은 수壽요 수는 노老다.

"부처님께서 그는 중생이 아니고 중생 아닌 것도 아니라고 말씀하신 것은, 가르침을 듣는 자들이 중생이라는 실체가 따로 있는 줄로 잘못 알까봐서 그는 중생이 아니고 업연業緣 가운데 나타났다가 업이 다하면 사라지는 것이니 어찌 참되고 알찬 중생이 있겠느냐고 말씀하신 것이요, 그러나 또한 중생의 몸이 여기 이렇게 있거늘 어찌 중생이 아니라고 할 수 있겠는가? 그래서 중생 아닌 것도 아니라고 말씀하신 것이다."(王日休)

부정되어야 할 것은 '미래에 대한 호기심'만이 아니다. "이것이 이것이다"라고 하는 체體에 대한 단언斷言도 마찬가지로 부정되어야 한다.

'무엇'을 가리켜 부르는 이름이 곧 그 '무엇'은 아니다. '중생'이란 이름 지어 부를 수 없는 '무엇'에 붙여진 가명假名에 불과하다. 그러니 중생은 중생이 아니라고 말할 수밖에. 따라서 '하느님'은 하느님이 아니다. 물론 '부처'도 부처가 아니다.

22

　수보리가 부처님께 여쭈기를, 세존이시여, 부처님께서 아누다라삼먁삼보리를 얻으심은 얻은 바 없으신 것입니까? 부처님이 이르시되, 그러하고 그러하다, 수보리여. 나는 아누다라삼먁삼보리에 나아가 아주 작은 법도 얻은 바 없고, 그것을 이름하여 아누다라삼먁삼보리라고 하는 것이다.
　(須菩提가 白佛言하기를, 世尊이시여, 佛이 得阿耨多羅三藐三菩提는 爲無所得耶니이까. 佛言하시되 如是如是로다, 須菩提여. 我於阿耨多羅三藐三菩提에 乃至無有少法可得이요 是名阿耨多羅三藐三菩提니라.)

🕋

　자기가 양인 줄로만 알고 양 무리에 섞여 살던 사자가 어느 날 다른 사자를 만나 자기가 사자임을 깨닫고서 산천이 떠나가라 으르렁거리며 밀림으로 들어갔다. 그는 사자를 만나서 사자로 된 것인가, 사자를 만나 사자로 된 바 없는 것인가?
　세존이 무상정등정각無上正等正覺을 얻었다고 말해도 되고

얻은 바 없다고 말해도 된다. 다만 어느 한쪽만을 말해서는 안 된다.

사자가 자신이 양인 줄 알고 있는 한, 그는 사자이면서 사자가 아니다. 중생이란 자기가 사자인 줄 모르고 양 무리에 섞여 양처럼 살아가는 사자와 같다.

예수님은 무엇 하러 세상에 오셨는가? 당신이 하느님의 아들이신 것처럼, 우리도 하느님의 아들(딸)이라는 진실을 가르치기 위해서 오셨다. "예수께서는 마리아에게 '내가 아직 아버지께 올라가지 않았으니 나를 붙잡지 말고 어서 내 형제들을 찾아가거라. 그리고 나는 내 아버지며 너희의 아버지 곧 내 하느님이며 너희의 하느님이신 분께 올라간다고 전하여라' 하고 일러 주셨다. 막달라 여자 마리아는 제자들에게 가서 자기가 주님을 만나 뵌 일과 주님께서 자기에게 일러 주신 말씀을 전하였다." (〈요한〉 20: 17~18)

"이렇게 그리스도께서는 세상에 오셔서 하느님과 멀리 떨어져 있던 여러분에게나 가까이 있던 유다인들에게나 다 같이 평화의 기쁜 소식을 전해 주셨습니다. 그래서 이방인 여러분과 우리 유다인들은 모두 그리스도로 말미암아 같은 성령을 받아 아버지께로 가까이 나아가게 되었습니다. 이제 여러분은 외국인도 아니고 나그네도 아닙니다. 성도들과 같은 한 시민이며 하느

님의 한 가족입니다."(《에페》2: 17~19)

인생이란 아버지께로 돌아가는 길이다. 인간뿐 아니라 만유萬有가 아버지께로 돌아가고 있다. '돌아감'이 길(道)의 움직임(反者, 道之動)이라고 했다.(《老子》, 40장) "자기를 끝까지 텅 비우고 착실하게 고요함을 지키면 만물이 더불어 일어나지만 그것들이 돌아감을 나는 본다. 만물이 이 모양 저 모양으로 많고 많으나 저마다 뿌리로 돌아간다."(《老子》, 16장)

있는 듯하나 없는 개아個我가 없는 듯하나 있는 진아眞我로 돌아가 하나로 되는 것, 그것이 곧 성불成佛이다.

"《단경壇經》에 이르기를, 묘성妙性은 본디 공空하여 한 법法도 얻을 수 없는 것이라 했다. 한 법도 얻을 수 없는 것일진대 어찌 그것을 지혜(菩提)로써 깨달을 수 있겠는가? 우리 부처님은 얻지도 못하고 깨닫지도 못할 분이요 이름을 붙여 드릴 수도 없는 분이다. 다만 이를 억지로 이름하여 아누보리라고 한 것이다." (陳雄)

"안으로 몸과 마음이 공임을 깨닫고 밖으로 만사가 공임을 깨달아 모든 상相을 깨뜨리고 나면 저절로 집착하지 않게 되고 다투지 않게 되니 이를 일컬어 선열禪悅(禪定에 든 기쁨)이라 한다. 이른바 크게 깨우친 사람이 추호秋毫의 장애도 허용하지 않고 미진도 몸에 묻지 못하게 하여 오래도록 변함이 없으면 그가

곧 위없는 선비(無上士)요 흔들리지 않는 존자(不動尊)인 것이다."(逍遙翁)

    부싯돌 쳐서 불을 내는데
    한번 번쩍 하면 그만이요
    푸른 못 깊이를 알 수 없지만
    파란 하늘 곧장 드러내도다.(草堂淸和尙)

23

 또한 수보리여. 이 법은 평등하여 높고 낮음이 없어서 이를 이름하여 아누다라삼먁삼보리라 하는 것이니 나·사람·중생·목숨 없이 모든 좋은 법을 닦으면 곧 아누다라삼먁삼보리를 얻으리라. 수보리여, 좋은 법이라고 말한 것은, 여래가 설하기를, 좋은 법이 아니요 그것을 이름하여 좋은 법이라 한 것이다.

 (復次로 須菩提여. 是法은 平等하여 無有高下라, 是名阿耨多羅三藐三菩提니 以無我無人無衆生無壽者로 修一切善法하면 卽得阿耨多羅三藐三菩提니라. 須菩提여, 所言善法者는 如來가 說卽非善法이요 是名善法이니라.)

🔔

 "위로는 모든 부처님으로부터 아래로는 벌레에 이르기까지 모두 그 속에 진성眞性을 지니고 있음은 동일하다. 그래서 평등하여 높고 낮음이 없다고 하였다. 색신色身에는 고하高下가 있고 진성眞性에는 고하가 없음을 말한 것이다. 그것을 이름하여 아누다라삼먁삼보리(無上正等正覺)라고 한다는 말은, 진성에는 본디 나·사람·중생·목숨(我人衆生壽者)이 따로 없고 이 네 가지는 헛된 인연으로 말미암아 드러나 보이는 것이라, 진성은 평등하니 어찌 네 가지 다른 것이 따로 있겠는가? 그래서 이름하여 아누다라삼먁삼보리라 한다는 말이다. 모든 좋은 법(一切善法)이란, 부처님께서 중생을 이끌어 진성을 밝게 깨닫도록 하시는 법을 말한다. 이 법에 기대어 수행을 하면 곧 아누다라삼먁삼보리의 진성을 얻게 되거니와 그 진성은 나에게 본디부터 있는 것이라 어찌 그것을 얻었다고 할 수 있겠는가? 대개 무엇을 얻는다고 말하면 바깥에서 주어지는 것을 가리키는데, 진성은 바깥에서 주어지는 것이 아니니 그래서 얻는다고 말할 수 없는 것이다. 그런데도 굳이 얻는다고 말하는 것은 마지못해서 억지로 이름하여 얻는다고 하는 것이다. 부처님께서 다시 수보리에게 이르시기를, 내가 좋은 법이라고 말했지만 좋은 법이 아니요 그것을 이름하여 좋은 법이라고 한 것이라 하셨다. 이는 본래 그와 같은 좋은 법이 있는 게 아닌데 잠시 그것을 빌려서(假此) 중생을 깨닫게 하신 것이므로 좋은 법이라는 허명虛名을 쓰신 것일 따름이다."(王日休)

"상相에 머물지 않으니 곧 비선법非善法이요, 복을 빠뜨리지 않으니 이름하여 선법善法이다."(李文會)

"초선初善, 중선中善, 후선後善이 있으니, 초초는 깨달음을 얻겠다는 마음을 처음 낼 때를 말한다. 이때에는 생각 생각마다 정진精進을 생각하고 의심하거나 게으름 피우려는 마음을 내지 않는다. 중中은 한결같이 모든 선법善法을 닦고 진성眞性을 깨달아 어떤 법상法相에도 집착하지 않는 것을 말한다. 후後는 선법을 깨뜨려 버리고 모든 선악범성善惡凡聖과 잡고 버리고 좋아하고 싫어하는 마음을 비워 평상무사平常無事함을 말한다. 그래서 비선법非善法을 이름하여 선법善法이라 한다고 했다."《法華經》

물과 뭍이 같은 진제眞際요
나는 것과 걷는 것이 같은 몸이라.
법 가운데 어찌 이쪽 저쪽이 있으며
이치(理) 위에 어찌 멀고 가까움이 있으랴?
나와 남을 가려 나누지 않고
높고 낮음에 집착하는 마음을 비워
이 평등성平等性을 깨달으면
다 함께 무여열반無餘涅槃에 들어가리라.(傅大士)

길을 떠나서는 길을 갈 수 없다. 그러나 길에 달라붙으면 또한 길을 못 간다. 길을 간다는 것은 길에서 길을 떠남이다.

24

 수보리여. 삼천대천세계 가운데 여러 수미산들이 있는데 그만큼 칠보를 쌓아 두고서 널리 베풀어도, 어떤 사람이 이 반야바라밀경과 사구게四句偈 등을 받아 지녀 읽고서 남을 위해 설한다면 앞 사람의 복덕으로는 백에 하나도 미치지 못하며 백천만억에 하나도 미치지 못하고 어떤 계산이나 비유로도 미치지 못한다.

 (須菩提여. 若三千大千世界中에 所有諸須彌山王하여 如是等七寶聚를 有人이 持用布施라도 若人이 以此般若波羅蜜經乃至四句偈等을 受持讀誦하고 爲他人說이면 於前福德으로 白分에 不及一이며 百千萬億分乃至算數譬喩로도 所不能及이니라.)

 ⛩

 "모든 수미산만큼 쌓여 있는 보물로 보시를 하는 것이 경을 읽고 그것을 설해 주는 일의 공덕에 도저히 미치지 못하는 까닭은, 앞의 것은 세간복世間福이라서 때가 되면 바닥이 나지만 뒤

의 것은 출세간복出世間福이라서 갈수록 많아지고 길어지므로 끝이 없기 때문이다."(王日休)

내가 내 말을 한다면 머잖아 바닥이 나겠지만, '말씀'이 나를 통해 말하게 한다면 그 '말씀'은 내가 죽어도 끝나지 않는다. 온 세상이 무너져도 '말씀(道)'은 사라지지 않기 때문이다. 아무리 큰 수라 해도 '0'보다 클 수는 없다. 아무리 작은 수도 '0'보다 작을 수 없기 때문이다. 요컨대 수에서 수를 통하여 '0'으로 돌아가기. 그것이 이른바 수행修行의 요체렷다.

25

 수보리여, 그대 생각은 어떠한가? 그대들은, 여래가 내 마땅히 중생을 구원하노라 생각한다고 말하지 말아라. 수보리여, 그런 생각은 하지 말 것이니 어째서 그러한가? 실로 여래가 구원하는 중생이 없기 때문이다. 만약에 여래가 구원하는 중생이 있다고 할진대 여래는 곧 나·남·중생·목숨을 따로 지닌 자가 된다.
 (須菩提여, 於意云何오. 汝等은 勿謂니, 如來가 作是念하기를 我當度衆生이라 하라. 須菩提여, 莫作是念이니 何以故오. 實無有衆生如來度者니라. 若有衆生如來度者인댄 如來卽有我人衆生壽者니라.)

 중생은 여래가 저기에 따로 있다고 생각한다. 나·남·중생·목숨이 따로 있는 줄 안다. 그러나 여래에게는 중생이 따로 없다. 천상천하에 '나' 홀로 존귀함을 알고 있기 때문이다. 천상천하에 나 홀로 존귀하다는 말은 천상천하에 오직 '나'만이 있다는 뜻이다. 모든 것이 처음부터 '나' 속에 들어 있는데 어디서 구원할 '너'를 찾겠는가?

그렇다면 "부처님이 중생을 제도한다"는 말은 허언虛言인가? 그렇지 않다. 아침에 동산으로 해가 뜬다는 말이 참말인 그만큼, 부처님이 중생을 제도한다는 말도 참말이다.

아침에 해가 뜨고 저녁에 해가 진다고 말하지만 실은 아침이나 저녁이 어디 따로 있는 게 아니요, 더욱이 해는 뜨고 지고 하는 물건이 아니다. 요컨대 해가 뜬다고 말하고 나서 그런데 해는 뜨지 않는다고 말하라는 얘기다. 그래서 "아누다라삼먁삼보리심을 낸 사람은, 내 마땅히 일체 중생을 구원하겠다는 마음을 내되 일체 중생을 구원하였으면 한 중생도 구원하지 않았다고 해야 한다(我應滅度一切衆生 滅度一切衆生 而無有一衆生實滅度者)"는 것이다.

"중생은 한없고 가없는 번뇌 망상을 일으켜 선·악·범·성善惡凡聖이 따로 있다는 견해를 지니고 취사 분별하는 마음이 있어 어리석은 정情이 보리菩提의 성性을 덮어 버린 사람이다. 부처님은 세상을 벗어나 사람들로 하여금 깨달음을 얻어 육적六賊(六境, 즉 여섯 가지 인식의 대상. 마음을 빼앗아 가므로 賊이라 함)을 무릎 꿇리고 삼독三毒(탐욕·성냄·어리석음)을 끊고 나와 너를 지워 버리도록 가르치시는 분이다. 만약에 능히 사람과 법이 둘 다 공임을 깨달아 도무지 헛된 생각이 일지 않고 마음이 늘 비어 있어 고요하고 그윽하여 맑고 깨끗하다면 다시 무슨 의혹에 털끝만큼이라도 머물겠는가? 그래서 견성見性하면 구원할 중생이 없다고 한 것이다."(李文會)

"사두(sadhu, 聖人)와 죄인은 같은 실체의 다른 모습이다. 둘 다 '아트만'의 현현이다. 깨끗하지 못함의 덮개가 사두의 '아트만'에서는 사라져 없고 죄인 위에는 더욱 두꺼워진다. 이 둘을 같은 눈으로 보는 법을 배울 때 우리는 보통 사람의 수준 위로 올라갈 수 있을 것이다."(간디)

맑게 갠 하늘도 하늘이고 구름 낀 하늘도 하늘이다. 어떤 하늘이 어떤 하늘 위에 또는 아래에 있는가?

수보리여, 여래가 말하기를 내가 있다고 했지만 내가 있는 게 아니요 보통 사람들이 내가 있다고 한다. 수보리여, 여래가 보통 사람이라고 말했지만 보통 사람이 아니요 그 이름이 보통 사람이다.

(須菩提여, 如來가 說有我者나 卽非有我요 而凡夫之人이 以爲有我니라. 須菩提여, 凡夫者도 如來說이나 卽非凡夫요 是名凡夫니라.)

🛕

"내가 있는 사람이 바로 보통 사람(凡夫)이다. 내가 없으면 있는 곳을 따라 주인이 되고 응하여 쓰이는 데 거리낌이 없다. 그래서 말하기를, 보통 사람은 부처의 씨앗이요 부처는 보통 사람의 열매(凡是佛因, 佛是凡果)라 하였다." (李文會)

말을 해 놓고서는 금방 같은 혀로 그 말을 지워 버린다. 씨앗이 열매라고 말하면서 씨앗은 열매가 아니라고 말한다. 두 말 모두 맞고 두 말 모두 틀렸다.

이렇게 오락가락 하는 사이에 배는 강을 건너고 우리는 말로 어떻게 할 수 없는 깨달음의 경지에 이르는 것이다. 말에 얽매이지 말고 말을 타야(乘) 한다.

"부처님이 다시 수보리를 불러, 당신이 방금 범부라고 말했지만 진짜로 범부가 있는 게 아니라 허명으로 범부라 부른 것일 따름이라고 말씀하신다. 이것이 이른바 수거수소隨擧隨掃(금방 들어 보이고 금방 지워 버림)다. 위에서 범부라고 말한 것은 들어 올림이요 아래에서 진짜 범부가 있는 게 아니라고 말한 것은 지워 버림이다. 무엇을 지우려면 먼저 들어 올려야 하지 않겠는가? 대개 들어 올리지 않으면 이치가 밝혀지지 않으니 이는 뗏목을 타지 않고서는 강을 건너지 못하는 것과 같고, 지워 버리지 않으면 사람들이 그 설說의 진흙 구덩이에 빠질까 두려우니 이는 강 건너 기슭에 닿았으면서도 뭍에 오르지 않고 뗏목에 앉아 있는 것과 같다. 그래서 반드시 들어 올리고는 또한 반드시 그것을 지워야 하는 것이다."(王日休)

26

 수보리여, 그대 생각은 어떠한가? 서른 두 가지 모습으로 여래를 보겠는가? 수보리가 말하기를, 그렇습니다, 서른 두 가지 모습으로 여래를 봅니다. 부처님이 말씀하시되, 수보리여, 만약에 서른 두 가지 모습으로 여래를 본다면 전륜성왕도 여래겠구나. 수보리가 부처님께 아뢰기를, 세존이시여, 제가 부처님 말씀하신 뜻을 헤아릴진대 서른 두 가지 모습으로 여래를 보지 못합니다.

 (須菩提여, 於意云何오. 可以三十二相으로 觀如來不아. 須菩提가 言하기를 如是如是니이다. 以三十二相으로 觀如來니이다. 佛이 言하시기를 須菩提여, 若三十二相으로 觀如來者면 轉輪聖王도 卽是如來로다. 須菩提가 白佛言하기를 世尊이시여, 如我解佛所說義할진대 不應以三十二相으로 觀如來니이다.)

 "세존께서 크신 자비로, 수보리가 모습에 집착하는 병을 없애지 못할까 염려하시어 이렇게 물으셨다. 수보리가 부처님 뜻을 미처 모르고서, 그렇습니다 하고 대답했으니 벌써 미혹된 마음인데, 다시 서른 두 가지 모습으로 여래를 본다고 말한 것은 미혹된 마음을 한 번 더 드러낸 것이다. 진리에서 멀리 떨어졌으므로 여래께서 그 미혹된 마음을 없애고자 말씀하시기를, 만약에 서른 두 가지 모습으로 여래를 본다면 전륜성왕도 여래겠구나 하셨다. 전륜성왕이 비록 서른 두 가지 모습을 갖추었다 하나 어찌 여래와 같겠는가? 세존께서 이 말씀을 하심은, 수보리의 모습에 집착하는 병을 떨쳐 버리고 그 깨달음이 깊게 사무치도록 하려는 것이었다. 수보리가 물음을 듣고서 미혹된 마음이 한꺼번에 풀어지는지라, 제가 부처님 말씀하신 뜻을 헤아릴진대 서른 두 가지 모습으로 여래를 보지 못한다고 하였다."(六祖)

수보리가 아라한인데 어찌 그와 같은 미혹을 아직 지니고 있겠는가? 후세 중생으로 하여금 모습(相)에 집착하는 병을 떨쳐 버리게 하고자 짐짓 방편으로 모르는 척하여 부처님의 다음 게偈를 이끌어 냈다고 볼 수 있겠다.

앞에서 주어를 수거수소隨擧隨掃했으니('나'도 '범부'도 있지만 없는 것이다) 이번에는 술어를 들었다가 지울 차례다.(여래를 32상으로 보지만 32상으로 여래를 보지 못한다.)

모양 있는 몸 속에 모양 없는 몸이여!
금향로金香爐 아래 철곤륜鐵崑崙이로다.
저마다 알고 보면 내 집 물건인데
하필이면 영산靈山의 세존께 물으리요.(川禪師)

그때에 세존께서 게송(偈)으로 말씀하시기를, 만약에 모습으로 나를 보고 음성으로 나를 구한다면 이 사람은 그릇된 길을 가는 것이라 여래를 보지 못하리라.

(爾時에 世尊而說偈言 하시기를, 若以色見我하고 以音聲求我면 是人行邪道라 不能見如來니라.)

있는 것을 있는 데서 찾을 일이다. 없는 것을 없는 데서 찾으니 도무지 고달프기만 하고……

"여기서 말하는 '나(我)'는 진아眞我요 성性이요 불佛이다. 여래 또한 참된 성의 부처(眞性之佛)를 말한다. 만약에 모습(色)으로 나를 보고 음성으로 나를 구한다면 이 사람은 그릇된 길을 가는 것이라는 말은, 참된 성과 부처는 꼴도 없고 모습도 없어서 꼴과 모습으로는 볼 수가 없고 또한 음성으로는 구할 수 없는지라 만약에 꼴과 모습으로 보고 음성으로 구하면 이 사람이 가는 길은 그릇된 길이라는 말이다. 참된 성은 바르다(正). 그러므로 그릇된 것(邪)이 아니다. 꼴·모습·음성은 사람을 그릇된 길로 이끈다. 그러므로 꼴·모습·음성으로 부처를 구하면 그 가는 길이 그릇된 길인데 어떻게 바른 깨달음을 얻고 한결같이 참된 성과 부처를 보겠는가? 그래서 여래를 보지 못한다고 말했다. 여래는 곧 이른바 진아眞我요 성性이요 불佛이다."(王日休)

그러나 여기서도 착각하지 말 것! "옛사람이 말하기를 도道는 보고 듣고 느끼고 아는 데 속하지 않지만 보고 듣고 느끼고 아는 것을 떠나 있지도 않다(道不屬見聞覺知, 亦不離見聞覺知)고 했다. 보고 듣고 느끼고 아는 바를 가지고서 도를 구해도 잘못이지만 그것들을 떠나서 도를 구해도 잘못이다."(涵虛堂)

"그렇다고 해서 아버지를 본 사람이 있다는 것은 아니다." 이렇게 말하신 분이 같은 입으로 말씀하신다. "마음이 깨끗한 사람은 행복하다. 그들은 하느님을 뵙게 될 것이다." 그리고 나아가서 또 말씀하신다. "나를 보았으면 곧 아버지를 본 것이다."

피조물이 피조물을 외면하고 어디에서 조물주를 뵐 것인가? 그러나 피조물에 눈길이 갇힌다면 또한 어찌 조물주를 뵙겠는가?

27

  수보리여, 그대는 여래가 모든 모습을 두루 갖추지 않은 까닭에 아누다라삼먁삼보리를 얻었다고 생각하는가? 수보리여, 여래가 모든 모습을 두루 갖추지 않은 까닭에 아누다라삼먁삼보리를 얻었다고, 그렇게 생각하지 말아라. 수보리여, 그대는 아누다라삼먁삼보리의 마음을 내는 사람이 모든 법의 단멸斷滅을 말한다고 생각하는가? 그렇게 생각하지 말 것이니 어째서 그런가? 아누다라삼먁삼보리의 마음을 내는 사람은 법에 대하여 단멸상斷滅相을 말하지 않는다.

  (須菩提여, 汝若作是念하기를 如來가 不以具足相故로 得阿耨多羅三藐三菩提아. 須菩提여, 莫作是念이니 如來가 不以具足相故로 得阿耨多羅三藐三菩提라 하라. 須菩提여, 汝若作是念하기를 發阿耨多羅三藐三菩提心者가 說諸法斷滅인가. 莫作是念이니 何以故오. 發阿耨多羅三藐三菩提心者는 於法에 不說斷滅相이니라.)

단멸斷滅은 아무것도 없다는 말이고, 단멸상斷滅相은 아무것도 없는 모습이다.

모양이나 소리로는 부처를 볼 수 없다는 말을 듣고서 모양이나 소리가 없기 때문에 부처라는 생각을 지을까봐 그 생각을 미리 없애 준다.

여래가 여래인 것은 서른 두 가지 모습을 갖추었기 때문이 아니지만 그것들을 갖추지 않았기 때문도 아니다.

얻기 전에는 얻어야 할 것이 있다. 그러니 없다고 말하지 말라. 얻은 뒤에는 얻은 것이 없다. 그러니 있다고 말하지 말라.

"비컨대 물을 건너는 것과 같다. 이미 건넌 뒤에는 뗏목에 앉아 있을 이유가 없지만 아직 건너기 전인데 어찌 뗏목이 없을 수 있겠는가? 그러므로 깨달은 뒤에는 부처의 법을 닦을 필요가 없지만 깨닫기 전에는 부처의 법이 없을 수 없다는 것이다. 그러기에 무상정등정각無上正等正覺을 얻고자 하는 자는 마땅히 불법佛法을 좇아서 수행을 해야 하므로, 불법이 없다느니 그런 것을 쓸 곳이 없다느니 그 따위 소리를 해서는 안 된다. 그래서 무상정등정각을 구하는 자는 법이 없다고 말하지 않는다 했다."(王日休)

28

수보리여, 만약에 보살이 갠지스 강 모래알만큼 많은 세계에 가득 찬 보물을 가지고 널리 베푼다 하더라도, 다른 사람이 있어서 모든 법에 '나'가 없음을 알아 인忍을 이루면 이쪽 보살이 먼저 보살의 얻은 바 공덕을 이긴다.

(須菩提여, 若菩薩이 以滿恒河沙等世界七寶로 持用布施라도 若復有人이 知一切法無我하여 得成於忍이면 此菩薩이 勝前菩薩所得功德이니라.)

🛎

사람을 포함하여 존재하는 모든 사물에 '나(我)'라고 할 만한 것이 없음을 깨달으면 그 사람이 보살이다. '나'가 없다는 말은 '남(人)'이 없다는 말이다. '인忍'을 이룬다는 말은 도리에 평안히 머물러 이리저리 헤매지 않는다는 뜻으로 읽는다.

"모든 법에 두루 통달하면 주와 객을 나누는 마음(能所心)이 없어진다. 이를 이름하여 인忍을 이룬다고 한다. 이 사람이 얻는 복덕이 앞 사람이 칠보로 보시하여 얻는 복보다 크다."(六祖)

어째서 그러한가? 수보리여, 모든 보살이 복덕을 받지 않기 때문이다. 수보리가 부처님께 여쭙기를, 세존이시여, 어째서 보살이 복덕을 받지 않는다고 말씀하십니까? 수보리여, 보살이 지은 바 복덕을 탐착貪著하지 않는지라, 그래서 복덕을 받지 않는다고 말했다.

 (何以故오. 須菩提여, 以諸菩薩이 不受福德故니라. 須菩提가 白佛言하기를, 世尊이시여, 云何菩薩이 不受福德이니이까. 須菩提여, 菩薩이 所作福德을 不應貪著이라 是故로 說不受福德이니라.)

🛕

"보살이 중생을 제도하니 복이 없다고 할 수는 없는 일이다. 그러나 보살은 세간의 부귀를 스스로 누리지 않고 그것을 허공에 쌓아 둘 뿐이다. 그래서 복덕을 받지 않는다고 했다. 허공에 쌓아 두면 아무리 오래되어도 없어지지 않는다. 또한 곧장 성불成佛에 이르니 그래서 성불하여 얻는 복덕이 천지처럼 광대하다고 하는 것이다. 보살은 본디 복덕을 쌓으려고 중생을 제도하는 게 아니다. 그 복덕이 저절로 따를 뿐이다. 이는 마치 사람이 대낮에 길을 가는데 일부러 그림자를 만들고자 하지 않아도 그림자가 그를 따라오는 것과 같다. 만약에 복덕을 짓고자 중생을 제도한다면 이는 복덕에 탐착하여 그것을 누리고자 함이다."(王日休)

누가 무엇을 주어도 그것을 받아들이지 않으면 받지 않는 것이다. 참된 보시는 주는 자도 받는 자도 주고받는 물건도 모두 공임을 아는 자에 의하여 이루어지는 것인데, 누가 무엇을 다시 받아들이겠는가?

"재물을 땅에 쌓아 두지 말아라. 땅에서는 좀먹거나 녹이 슬어 못 쓰게 되며 도둑이 뚫고 들어와 훔쳐 간다. 그러므로 재물을 하늘에 쌓아 두어라. 거기서는 좀먹거나 녹슬어 못 쓰게 되는 일도 없고 도둑이 뚫고 들어와 훔쳐 가지도 못한다."(〈마태오〉 6: 19~20)

복을 짓지 말라는 얘기가 아니다. 그것을 탐내어 집착하지 말라는 얘기다. 아니, 보살은 그러지를 않는다는 얘기다.

많은 보물로 널리 베풀어 복덕을 얻지만 깨달음을 얻는 공덕에 견주면 아무것도 아니다. 꿈에 산해진미로 배부른 것과 깨어나 보리밥으로 배부른 것의 차이라고나 할까? 도대체 서로 견주어 말할 상대가 아니다.

29

 수보리여, 만약에 어떤 사람이, 여래가 오기도 하고 가기도 하고 앉기도 하고 눕기도 한다고 말한다면 그 사람은 내 말뜻을 알아듣지 못한 것이다. 어째서 그러한가? 여래란 좇아서 온 곳도 없고 가는 곳도 없으니 그런 까닭에 여래라고 이름한 때문이다.
 (須菩提여, 若有人이 言하기를 如來가 若來若去若坐若臥라 하면 是人은 不解我所說義니라. 何以故오. 如來者는 無所從來요 亦無所去니 故로 名如來니라.)

☗

 여래如來의 존재를 비유로 말한다면 허공虛空과 같다. 저는 어디에도 있지 않으면서 모든 것을 있게 한다. '없음'으로써 존재하는 것이 여래다.
 그가 가고 오고 앉고 눕는다고 말하는 것은 그를 시간과 공간의 제약 아래 두는 것이다. 여기와 저기에 아울러 있는 존재가 여래다. 시작 없는 과거와 마침 없는 미래를 아울러 품고 있는

'지금' 이 여래가 있는 곳이다.

예수님이, 내가 너 있는 곳에 함께 있으리라고 말씀하신 것은 아니 계신 곳이 없는 존재로 바뀌었기 때문에 그렇게 말씀하신 것이다. 그분이 '하느님 우편' 에 앉으셨다는 말은 그가 모든 곳에 아울러 존재한다는 사실을 신화적으로 표현한 것이다.

인생은 어디서 와서 어디로 가는가? 고요함에서 왔다가 고요함으로 돌아간다. 왔다 간다는 말을 쓰기는 하지만 실제로는 온 곳도 없고 갈 곳도 없다. 다만 거죽의 모습이 바뀌고 또 바뀔 따름이다.

"여래는 오면서 오지 않고 가면서 가지 않고 머물면서 머물지 않고 움직임도 아니요 고요함도 아니요 위로는 모든 부처님과 합하고 아래로는 여러 중생과 같아 하나의 성性으로 평등하니 그래서 여래라 부르는 것이다."(疏鈔)

눈앞에 돌멩이를 본다. 저 돌을 쪼개고 쪼개고 또 쪼개면 빛의 속도로 원자핵을 돌고 있는 무수한 전자들이 나타날 것이다. 그렇다면 저렇게 미동도 하지 않고 놓여진 자리를 지키고 있는 저 돌멩이는 지금 움직이고 있는 것인가 가만히 있는 것인가?

부분은 움직이고 전체는 가만히 있다. 그러므로 존재하는 모든 것이 움직이면서 가만히 있는 것이다. 왜냐하면 존재하는 모든 것이 부분이면서 전체이기 때문이다.

인연 따라 쉼없이 움직이게 되어 있는 것이 우리네 인생이다. 움직이지 않으면 죽은 시체다. 그러나 움직이는 가운데 움직이지 않는 중심을 나는 모시고 있는가? 앉고 눕고 오고 가면서 중심에 정적靜寂을 유지하고 있는가? 물론이다. 그러면 나는 과연 그 사실을 알고 있는가? 그리고 그 '앎'을 '삶'으로 살아내고 있는가?

30

 수보리여, 만약에 착한 남자와 착한 여자가 삼천대천세계를 부수어 작은 티끌로 만들면, 그대 생각은 어떠한가? 그 작은 티끌이 많지 않겠느냐? 수보리가 말씀드리기를, 매우 많습니다, 세존이시여. 어째서 그러한가 하면, 작은 티끌들이 참으로 있는 것이라면 부처님께서 작은 티끌들이라고 말씀하시지 않으셨을 것입니다. 그 까닭은, 부처님께서 말씀하신 작은 티끌들이 작은 티끌들이 아니요 그 이름이 작은 티끌들이기 때문입니다. 세존이시여, 여래께서 말씀하신 바 삼천대천세계는 세계가 아니요 그 이름이 세계입니다. 어째서 그런가 하면, 만약에 세계가 참으로 있는 것이라면 곧 하나로 모아진 모양이니 여래께서 말씀하신 하나로 모아진 모양은 하나로 모아진 모양이 아니요 그 이름이 하나로 모아진 모양이기 때문입니다.

 (須菩提여, 若善男子善女人이 以三千大千世界를 碎하여 爲微塵이면 於意云何오. 是微塵衆이 寧爲多不아. 須菩提가 言하기를 甚多니이다, 世尊이시여. 何以故오. 若微塵衆이 實有者인댄 佛卽不說是微塵衆이니 所以者何오. 佛說微塵

衆이 卽非微塵衆이요 是名微塵衆이니이다. 世尊이시여, 如來所說三千大千世界는 卽非世界요 是名世界니이다. 何以故오. 若世界가 實有者인댄 卽是一合相이니 如來說一合相은 卽非一合相이요 是名一合相이니이다.)

🛆

 모든 것이 마음에서 나온 허깨비(幻)다. 참으로 있는 것(實有者)은 마음뿐이다. 그러나 마음은 보이지도 않고 잡히지도 않으니 물질계에서 보면 '없는 것'이다.
 '참으로 있는 것'은 사람의 말로 설명되지 않는다. 티끌이 많다고 말할 수 있는 것은 그것이 '참으로 있는 것'이 아니기 때문이다.
 "진성眞性은 실유實有라서 말할 수 없다. 그런데 티끌은 비실유非實有라, 그런 까닭에 부처님이 그것을 말씀하셨다. 사람이 말로 할 수 있는 것은 모두 허망한 것들이요 오직 진성만이 진실眞實이므로 말로 할 수 없는 것이다."(王日休)
 우리가 세계라는 이름으로 부르는 것도 마찬가지다. 그것은 참으로 있는 것이 아니다. 참으로 있는 것은 마음이다.
 이 마음은 어떤 상으로도, 어떤 말(言語)로도 나타내질 수 없다. 나타내지면 곧 우상이요 거짓말이다.

　깨달음을 향해 길을 가는 자가 세상에 살면서 세상에 붙잡히지(집착하지) 말아야 하는 이유가 여기에 있다. 부처를 만나거든 부처를 죽이라는 선사의 가르침도 여기에 근거한 것이요, 한평생 거짓말로 중생을 속였노라는 성철性徹 스님의 열반송도 이를 고백한 것이겠다.

　상像을 보되 그것을 꿰뚫어 상 없는 상(無像之像)을 보고, 설을 듣되 그것을 타고 언어도단의 지경에 닿을 일이다.

수보리여. 하나로 모아진 모양은 그것을 말로 할 수 없는 것인데 다만 범부들이 그 일에 욕심을 내어 집착하는 것이다.

(須菩提여. 一合相者는 是不可說이거늘 但凡夫之人이 貪著其事니라.)

🔔

내가 깨달음을 얻겠다는 것은 부분이 전체를 얻겠다는 것이다. 내가 하느님을 뵙겠다는 것은 열매가 나무를 보겠다는 것이다.

눈에 보이고 귀에 들리는 것에 나의 눈길이 붙잡혀 있는 한, 나는 전체를 뵙지 못한다.

하나로 모아진 모양(一合相)이라니? 무엇이 하나로 모아진다는 말인가? 그 하나 속에 들어 있는 내가 어떻게 그 하나를 볼 수 있을 것인가?

생각할수록 머리만 어지럽다.

그만두자!

다만 어느 것에도 무엇에도 욕심을 내어 집착하지 말기로 하자. 욕심을 내면 범부라 했으니 집착을 버리면 절로 보살 아니겠는가?

31

　수보리여. 만약에 사람이 말하기를, 부처가 아견·인견·중생견·수자견을 설했다고 했다면, 수보리여, 그대 생각은 어떠한가? 그 사람이 내 말의 뜻을 알았다고 보느냐? 그렇지 않습니다, 세존이시여. 그 사람은 여래께서 말씀하신 뜻을 알지 못했습니다. 어째서 그런가 하면, 세존께서 설하신 아견·인견·중생견·수자견은 그것이 아견·인견·중생견·수자견이 아니라 그 이름이 아견·인견·중생견·수자견이기 때문입니다.

　(須菩提여. 若人이 言하기를 佛이 說我見人見衆生見壽者見이라 하면 須菩提여, 於意云何오. 是人이 解我所說義不아. 不也니이다, 世尊이시여. 是人은 不解如來所說義니이다. 何以故오, 世尊이 說하신 我見人見衆生見壽者見은 卽非我見人見衆生見壽者見이요 是名我見人見衆生見壽者見이니이다.)

여래가 아견·인견·중생견·수자견을 설한 것은 사실이다. 그런데 설한 바 없다는 말은 무엇인가? 말(言語)에 붙잡히지 말라는 얘기다. 말은 달을 가리키는 손가락과 같다. 보는 즉시 떠나야 한다.

이어지는 뒷말로 앞말을 지워 버리는 스승의 가르침이 참으로 상쾌하다!

수보리여, 아누다라삼먁삼보리심을 낸 자는 모든 법에 대하여 마땅히 이렇게 알고 이렇게 보고 이렇게 믿고 깨달아서 법상法相을 내지 말 것이니, 수보리여, 말해진 바 법상이란 여래가 설했으되 법상이 아니요 그 이름이 법상이다.

(須菩提여, 發阿耨多羅三藐三菩提心者는 於一切法에 應如是知하고 如是見하고 如是信解하여 不生法相이니 須菩提여, 所言法相者는 如來가 說卽非法相이요 是名法相이니라.)

🔔

법상法相이란, "이것이 법이다"라고 정해 놓는 것이다. 다만 깨달음에 이르도록 돕는 방편으로서 존재할 따름인 것이 법이다.

아견我見을 말하면서 아울러 아견이 본디 없는 것임을 보듯이, 그렇게 모든 사물과 사건을 보라는 얘기다.

"아누다라삼먁삼보리심을 낸 자는 마땅히 모든 중생이 저마다 불성佛性을 지니고 있음을 알아야 하고, 모든 중생이 저마다 번뇌 없는 지혜(無漏知慧)를 갖추고 있음을 보아야 하고, 모든 중생이 저마다 영원진성靈源眞性하고 무생무멸無生無滅(나지도 않고 죽지도 않음)함을 믿어야 한다. 만약에 이 뜻을 깨닫고 나면, 능소심能所心(主와 客을 나누는 마음)을 짓지 않게 되고 지혜상智

解相(깨달아 알고 있다는 모양)을 두지 않게 되고 입으로는 무상법無相法을 말하고 마음으로는 무상리無相理를 깨닫고 언제나 무상행無相行을 행할 것이다."(李文會)

일천 자 낚싯줄을 곧게 드리워
물결 하나 일어나니 만 물결이 따르네.
밤은 고요하고 물은 차가워 고기가 물지 않으매
텅 빈 배에 밝은 달 싣고 돌아오누나.
(千尺絲綸直下垂 一波纔動萬波隨
夜靜水寒魚不食 滿船空載月明歸―川禪師)

32

 수보리여, 만약에 어떤 사람이 헤아릴 수 없이 많은 세계에 가득 찬 일곱 가지 보물을 가지고 써서 널리 베푼다 해도 착한 남자와 착한 여자로서 보리심을 낸 자가 이 경經이나 사구게四句偈를 몸에 지니고 소리 내어 읽으며 남을 위하여 풀어서 말해 준다면 그 복이 앞 사람 복보다 크다.
 (須菩提여, 若有人이 以滿無量阿僧祇世界七寶로 持用布施라도 若有善男子善女人으로 發菩提心者가 持於此經乃至四句偈等하여 受持讀誦하고 爲人演說하면 其福이 勝彼니라.)

 🔔

 무량아승지세계無量阿僧祇世界는 앞에서 말한 항하사세계恒河沙世界와 같은 말이다. 무량無量이니 무수無數니 하고 말하지만 그것도 결국은 양量이요 수數다. 언젠가 바닥이 날 수밖에 없다.
 그러나 깨달음의 세계(佛界)는 공空의 세계다. 유일한 실재인 '마음'의 세계다.

이 두 세계는 양과 질로 견주어질 수 있는 세계가 아니다. '있음'과 '없음'을 어떻게 비교할 수 있겠는가?

"앞 사람의 복은 세간복世間福이라서 마침내 때가 되면 바닥이 난다. 하물며 받은 복으로 다시 악을 짓는다면 무슨 말을 더 하겠는가? 나중 사람의 복은 출세간복出世間福이라서 그 복이 바닥나지 않고 다만 더욱 자랄 따름이요 복을 받아 그것으로 악을 짓는 일은 있을 수 없다. 그래서 나중 사람의 복이 앞 사람의 무량무수無量無數를 이긴다고 했다."(王日休)

"욕심낼 만한 것을 보지 않아서(보이지 않아서) 그 마음이 어지러워지지 않는 것은 소승의 힘이요, 욕심낼 만한 것을 보아도(보여도) 그 마음이 어지러워지지 않는 것은 대승의 힘이다."《老子》

온 세상이 다 없어져도 하느님 말씀은 사라지지 않는다 했다.

어떻게 남을 위하여 풀어서 말할 것인가? 모양을 취하지 말고 늘 그러하여 움직임이 없어야 한다.
(云何爲人演說고. 不取於相하여 如如不動이니라.)

🛕

불취어상不取於相이라. 모양(相)을 취하지 말라는 말이겠는데, 모양에 잡히지 말라는 뜻으로 읽어도 되겠다.

모양이란 겉으로 드러나 보이는 것이다. 사람의 오감五感에 잡히는 것은 모두 상相이다. 그것을 잡으면 결국 허상虛像에 놀아나고 만다.

그렇다고 해서 모양을 무시하거나 외면하라는 얘기도 아니다. 경을 풀어서 들려줄 사람이 눈앞에 없다면 연설 자체가 불가능한 일이다.

경을 풀어서 말해 주는 일은 입이 귀에게 해 주는 일이 아니라 마음이 마음한테 하는 일이다. "마음은 본디 공이요 모양 또한 본디 공이다. 사람과 법이 모두 공인데 무엇을 잡을 수 있단 말인가?"(李文會)

어떻게 하면 음성에 마음을 담아 듣는 자의 마음을 공명시킬 것인가? 연설자의 요령이 여기에 있다. 그러려면 먼저 모양을 잡지 말아야 한다. 또는 모양에 잡히지 말아야 한다.

경을 설하는 자는 자기 말을 듣는 자들의 반응에 반응하지 말아야 한다. 아울러 말하고 있는 자기 자신의 모습에서도 초연해야 한다. 그는 다만 경이 스스로 (자신을 통해) 드러날 수 있도록 자기를 비워야 한다. 자기의 모습이든, 듣는 자들의 모습이든, 그것들에 사로잡히는 일이 없어야 한다. 그것이 여여부동如如不動이다.

"칠보七寶로 얻는 복이 비록 많지만 어떤 사람이 보리심을 내어 이 경의 사구게 등을 몸에 지니고 남을 위해 풀어서 말해 주는 것만 같지 못하니, 이쪽 복이 저쪽 복에 백천만 배나 커서 나란히 견주어 볼 수가 없다. 설법을 하는데 훌륭한 방편으로 듣는 자의 그릇을 헤아려 가지가지로 마땅한 말을 하면 이를 두고 남을 위해 풀어서 들려준다(爲人演說)고 한다. 법을 듣는 자들이 가지각색이라 그 모양이 서로 같지 않지만 그들을 분별하는 마음을 먹지 말고 다만 텅 비어 한결같은 마음(空寂一如之心)으로 얻고자 하는 마음 없이, 이기려는 마음 없이, 바라는 마음 없이, 나고 죽는 마음 없이(無所得心, 無勝負心, 無希望心, 無生滅心) 설하면 이를 두고 늘 그러하여 움직임이 없다(如如不動)고 한다."(六祖)

어째서 그러한가? 모든 유위법有爲法이 꿈 같고 허깨비 같고 물거품 같고 그림자 같고 이슬 같고 또한 번개 같으니 마땅히 이렇게 보아야 한다.

(何以故오. 一切有爲法이 如夢幻泡影이요 如露亦如電이니 應作如是觀이니라.)

🛕

일체유위법一切有爲法이란, "위로 하늘·땅의 조화에서 아래로 사람들이 하는 짓까지 이 모두를"(王日休) 일컫는 말이다.

이 모든 것이 꿈·허깨비·물거품·그림자·이슬·번개와 같으니 꿈·허깨비·물거품·그림자·이슬·번개로 보라는 얘기다. 그렇게 보기 때문에 경을 설하는 자는 불취어상不取於相하여 여여부동如如不動인 것이다.

"일체유위법이란, 생로병사生老病死, 빈부귀천貧富貴賤, 사농공상士農工商, 적백청황赤白靑黃, 형향취예馨香臭穢, 유무허실有無虛實, 심천고저深淺高低 등 이 모두가 헛된 마음 따라 일어나고 사라지는 유위지법有爲之法이다. 꿈 같고 허깨비 같고 물거품 같고 그림자 같고 이슬 같고 번개 같다는 말은 일체유위지법이 그와 같다는 말이니, 세간만사가 모두 꿈·허깨비·물거품·그림자·이슬·번개 같아서 오래가지 못한다. 꿈은 망상이요, 허깨비는 환화幻化(우주 만물이 환상처럼 변화함)요, 물거품은 물 위에 떠 있는 거품처럼 쉽게 생겼다가 쉽게 사라지고, 그림자는 몸의 그림자처럼 잡을 수 없고, 이슬은 안개와 같아서 오래가지 못하고, 번개는 경각頃刻(짧은 순간) 사이의 빛이다."
(李文會)

 길게 말할 것 없다. 꿈을 꿈으로 보고 그림자를 그림자로 보면 그것이 곧 불취어상하여 여여부동으로 가는 길이다. 허虛를 허虛로 보는 눈에 절로 실實이 드러난다.

 깨달음을 얻겠다고 마음먹은 자가 어디에 머물며 그 마음을 어떻게 다스릴 것인지를 묻는 수보리의 질문에, 세존은 대답한다. 모두가 마음의 발현이니 겉모양(相)을 취하지 말고 중심을 취하라고. 《노자》도 이르기를, "대장부는 처기실處其實하고 불거기화不居其華라", 씨알에 처하고 꽃에 거하지 않는다 했다.(38장)

 우리가 어떻게 이 '몸'을 가지고 저 '마음'의 알속에 들어갈 것인가? 다시 세존은 대답한다. "우주 만물이(네 몸을 포함하여) 꿈이요 물거품이요 그림자니 그것들을 꿈으로 물거품으로 그림자로 보아라. 그러면 저절로 집착이 끊어져 탐욕과 성냄과 어리석음이 사라지리니 그 자리에서 자기가 더 깨닫고 배울 것이 없는 존재임을 알게 되리라."

부처께서 이 경을 설하여 마치시니, 장로 수보리 및 여러 비구와 비구니와 우바새와 우바이와 일체 세간의 천인天人과 아수라가 부처님 말씀을 듣고서 모두 크게 기뻐하여 믿음으로 받들어 행하였다.

(佛이 說是經已하시니 長老須菩提와 及諸比丘와 比丘尼와 優婆塞와 優婆夷와 一切世間天人阿修羅가 聞佛所說하고 皆大歡喜하여 信受奉行하니라.)

🛕

"4조祖가 3조에게 묻기를, 고불古佛의 마음은 어떠한 것입니까? 조사祖師 대답하시기를, 그대는 지금 어떠한 마음인가? 4조 말씀이, 저는 지금 무심無心입니다. 3조 이르시되, 그대가 무심일진대 제불諸佛이 어찌 있겠는가? 이 말씀 한마디에 곧 깨우쳤으니, 이것이야말로 공부하는 사람(學人)의 표치標致(뜻을 드러내 보임)렷다."

부처님 말씀을 들으면 크게 기쁘다. 복된 소식이기 때문이다. 말씀을 듣고서 그대로 살아가는 일 또한 크게 기쁜 일이다. 안 되는 걸 억지로 해야 하는 그런 일이 아니다.

말씀 앞에서 크게 기뻐하는 데는 출가 승려와 재가 신도, 하늘에 있는 사람과 땅에 있는 사람 사이에 아무런 차이가 없다.

    대나무에게 대나무가 되라 하고 소나무에게 소나무가 되라 하니, 어찌 복되고 기쁜 소식이 아니겠는가?

샨티의 뿌리회원이 되어
'몸과 마음과 영혼의 평화를 위한 책'을 만들고 나누는 데
함께해 주신 분들께 깊이 감사드립니다.

개인

이슬, 이원태, 최은숙, 노을이, 김인식, 은비, 여랑, 윤석희, 하성주, 김명중, 산나무, 일부, 박은미, 정진용, 최미희, 최종규, 박태웅, 송숙희, 황안나, 최경실, 유재원, 홍윤경, 서화범, 이주영, 오수익, 문경보, 여희숙, 조성환, 김영란, 풀꽃, 백수영, 황지숙, 박재신, 염진섭, 이현주, 이재길, 이춘복, 장완, 한명숙, 이세훈, 이종기, 현재연, 문소영, 유귀자, 윤홍용, 김종휘, 보리, 문수경, 전장호, 이진, 최애영, 김진회, 백예인, 이강선, 박진규, 이욱현, 최훈동, 이상운, 김진선, 심재한, 안필현, 육성철, 신용우, 곽지희, 전수영, 기숙희, 김명철, 장미경, 정정희, 변승식, 주중식, 이삼기, 홍성관, 이동현, 김혜영, 김진이, 추경희, 해다운, 서곤, 강서진, 이조완, 조영희, 이다겸, 이미경, 김우, 조금자, 김승한, 주승동, 김옥남, 다사, 이영희, 이기주, 오선희, 김아름, 명혜진, 장애리, 신우정, 제갈윤혜, 최정순, 문선희

단체/기업

주/김정문알로에 | 한경재단 | design Vita | PN풍년
사)한국가족상담협회·한국가족상담센터 | 생각과느낌 소아청소년 성인 온 마음 클리닉
경일신경과 | 내과의원 | 순수피부과 | 월간 풍경소리 | FUERZA

이메일로 이름과 전화번호, 주소를 보내주시면 샨티의 신간과 각종 행사 안내를 이메일로 받아보실 수 있습니다.

전화 : 02-3143-6360 팩스 : 02-6455-6367
이메일 : shantibooks@naver.com